中国经济 50 人论坛丛书
Chinese Economists 50 Forum

推动地方探索创新
深化经济体制改革

——"十三五"部分重点领域改革建议

李 波◎主编

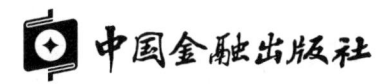

中国金融出版社

责任编辑：张　驰
责任校对：孙　蕊
责任印制：程　颖

图书在版编目（CIP）数据

推动地方探索创新　深化经济体制改革（Tuidong Difang Tansuo Chuangxin Shenhua Jingji Tizhi Gaige）——"十三五"部分重点领域改革建议/李波主编. —北京：中国金融出版社，2016.1

ISBN 978－7－5049－8372－5

Ⅰ. ①推… Ⅱ. ①李… Ⅲ. ①中国经济—经济体制改革—研究—2016～2020 Ⅳ. ①F121

中国版本图书馆 CIP 数据核字（2016）第 006249 号

出版
发行　中国金融出版社

社址　北京市丰台区益泽路 2 号
市场开发部　（010）63266347，63805472，63439533（传真）
网上书店　http://www.chinafph.com
　　　　　（010）63286832，63365686（传真）
读者服务部　（010）66070833，62568380
邮编　100071
经销　新华书店
印刷　北京市松源印刷有限公司
尺寸　169 毫米×239 毫米
印张　15.5
字数　188 千
版次　2016 年 1 月第 1 版
印次　2017 年 10 月第 3 次印刷
定价　35.00 元
ISBN 978－7－5049－8372－5/F.7932
如出现印装错误本社负责调换　联系电话（010）63263947

《推动地方探索创新 深化经济体制改革》课题组

课题组成员（按姓氏音序排列）：

白重恩 高培勇 何　平

李　波 魏加宁 伍　戈

张文魁 钟　伟 周诚君

主　　编： 李　波

执行编辑： 李　斌 伍　戈 席　钰

中国经济50人论坛丛书序言

刘 鹤

2004年4月

中国经济50人论坛已经成立六年多了，为了向社会各界反映论坛成员的重要成果，论坛的组织者决定出版一套丛书，为愿意出版自己学术研究成果的成员提供服务。大家推荐我为这套丛书写序，能享有这种殊荣，我感到非常高兴。说明每一位论坛成员的学术背景和每一本书的详细内容，不是我在这里想做的，坦率地说，我也不具备这种资格和能力。我在这里想介绍的是，50人论坛是怎么成立的，有什么特点，这六年主要进行了哪些领域的讨论和研究。希望通过这样的介绍，使读者对这套丛书的背景有一个总体了解。

一

记得是在1998年6月，当时的中国经济正处于通货紧缩状态，我感到，需要在经济学者之间对经济形势进行严肃讨论和深入交流，希望有一个相对固定的讨论平台，在相同的研究层面上交流学术思想。我和樊纲在木樨地一家小快餐店讨论了这个想法，我们之间有强烈的共鸣，决定发起50人论坛的组织工作。论坛的宗旨是，为国家现代化建设和经济发展改革的重大问题献策献力。论坛的定位是，集中国内重大经济政策方面的研究，而不是单纯的学术性讨论，希望邀请国内经济学界各主要领域有代表性的学者参加，进行不定期的交流。我们的想法得到了吴敬琏老师和易纲老师的认同，大家共同倡议，组织一个非正式论坛。将此论坛称为"50人论坛"是樊纲的主意,认为这个名称比较符合国际惯例,也可以体现论坛的包容性。当然,实际参加人数并不受50个人的限制。不久,论坛就成立了,被先后邀请参加论坛的学者详见50人论坛学者名单。

经过六年的努力,50人论坛已经成为中国部分经济学家们讨论经济和社会发展重大问题的一个重要场合,它不仅在国内引起广泛关注,而且产生了一定的国际影响。政府主要综合部门在制定经济政策时,经常倾听论坛的意见,或者委托论坛展开讨论。不少领导也以不同的方式,认真听取50人论坛对国内重大经济问题的看法。

二

从50人论坛的学者名单中不难发现,这是一批才华横溢的学者,是一批在社会上享有相当知名度、被新闻媒体追逐的学者,也是一批极有个性和创见的学者。读者可能要问,什么样的力量能使这些人聚集在一起,并且持续发展?中国各种各样的论坛很多,相当多的论坛具有自发性,但经过很短的繁荣期之后,往往就消失了。为什么50人论坛具有持久的生命力?我的体会,支撑其存在的是三个基本因素。第一个是超前性研究的学术需要。从这个意义上来说,支撑论坛存在的基本因素是经济学的需求导向原理。每个成员都需要进行学术交流,都需要进行讨论和辩论,这种讨论和辩论又必须是在同一层面的,论坛恰恰可以满足这种学术需要。第二个是讲真话的学术作风。在讨论问题时,必须实事求是和讲真话,论坛坚持不打棍子、不扣帽子和内外有别的要求,力求发扬求真务实的作风。第三个是相互尊重的文化氛围。论坛的成员有的是职业学者,有的是学者型的政府官员,在论坛内部大家一律平等,发言的时间和顺序与本人的职务没有关系。不能参加某次讨论的学者要请假,没有特殊性和特权。这种空气反映了对中国优秀文化的继承。正是这样的组织文化下,大家可以自由讨论问题。记得在2003年5月,当"非典"疫情仍在全社会心理上造成较大威胁的时候,50人论坛的经济学家们迫不及待地聚在一起,共同探讨这一重大社会事件对中国未来发展的启示。当时,论坛的组织者在颐和园租了一条龙船,在昆明湖上讨论和总结"非典"带来的宝贵经验。我没有详细考证过,在世界上哪一个国家曾出现过这种情况,但起码近几年在中国没有出现过。这从另外一个角度说明了论坛的凝聚力和生命力。

三

在论坛成立的六年中,中国的经济社会结构发生了巨大变化。围绕中国发展的现实矛盾和前沿问题,论坛展开了多次讨论。根据档案记录,各种类型的内部专题研讨会召开了25次,公开的讨论有80多次,每年都要召开一次主题鲜明、规模较大的论坛年会。在众多的讨论中,使大家兴奋的题目实际有六个领域。我很难用较短的篇幅把这些领域的问题全部讲清楚。实际上,即便有充足的篇幅,我也难以讲清楚。在这里,只能简要介绍使论坛成员们兴奋的一些重要问题。

中国宏观经济的周期变化。六年多来,中国经济经历了一个从通缩到通胀的经济周期。经济周期的客观性不容置疑,繁荣和衰退相互交替,这是大国经济增长的普遍现象。使论坛成员更为关注的问题是:周期阶段发生变化是哪些主要力量推动的,哪些因素具有明显的放大效应,如何区分政治因素和经济因素对经济周期的不同影响,周期的下一个拐点可能什么时候出现,怎样预测新周期阶段的特征,需要警觉哪些主要风险。

中国经济结构的演化和路径选择。中国经济结构的演化是人均收入提高的函数,这是各个国家经济发展的普遍规律。为什么中国的人口、土地、水和社会制度约束,决定着中国不可能完全走与发达国家相同的路径。在产业结构优化升级上,中国怎样以更开放的方式形成关键领域的自主创新能力。在消除城乡二元结构上，中国怎样避免简单追随刘易斯模式，更重视人力资本积累和形成内生性增长动力。在消除区域增长的差别上，怎样在非均衡增长和均衡增长之间，找到比较好的平衡点。

市场化改革过程中政府与市场的定位。中国渐进化和市场取向的改革已经进入一个新的阶段，战略制高点是政府与市场角色的准确定位。对政府改革来说，怎样形成基本的动力机制推动这项改革，需要形成什么样的治理框架，怎样加快转变政府职能，如何合理划分中央和地方政府的事权。在充分发挥市场机制的基础性作用方面，怎样打破垄断和分割的利益格局制约，怎样纠正由于信息不对称和竞争不充分所引起的市场机制失灵，怎样创造发挥企业家才能的制度条件。

未来中国经济的国际角色。在不知不觉之间，中国走到了世界经济的前台。巨大的国内市场、超大规模国家的竞争优势和快速的经济增长，引起了全球的瞩目。作为大国开放经济，中国的汇率和利率变化也引起从未有过的国际关注。未来怎样界定中国经济扮演的国际角色，怎样在全球范围内优化资源配置和解决重要资源的供给问题，国内上层建筑和生产关系的调整怎样适应已经进入全球分工领域的生产力发展要求。

经济与社会的协调。六年来，经济学家的注意力逐步从高速增长转向兼顾收入分配。一部分人先富起来后，怎样壮大中等收入者的规模，怎样解决贫困人口的生活困难，对这些问题的研究已经起步并且不断深入。正在和继续讨论的主要问题是，处于人均GDP 1000多美元的发展中大国，解决社会问题的基调和社会管理机制如何界定，用什么样的矛盾缓冲机制克服凸显的社会矛盾，最终使我国经济和社会发展纳入和谐社会的轨道。

已经讨论和正在讨论的这些问题，鲜明地勾画出近六年来中国经济和社会结构变化的基本脉络。如果抓住这六个基本线索，理解其相互之间的内在逻辑关系，就可以站在较高的起点上。当然，围绕这些问题的实践和学术研究还在继续，经济学家的视角和观点也有相当局限性，但无论如何，这些线索和讨论将为读者提供一个新的视角。

在这个简短序言结束之前，我还想强调一下深化政府管理体制改革问题。记得在2000年的6月份，国内舆论普遍关注国有企业改革。50人论坛的经济学家们意识到，推动政府改革是下一步中国经济改革的关键环节，是进一步发挥市场机制基础性作用的重要前提。论坛决定，在古城西安讨论新形势下推动政府改革。当时的情景历历在目。记得一位著名经济学家不无感慨地说，西安是中国统一后的第一个古都，当时的中央政府就在这里。2000多年的时间过去了，今天我国政府对推动改革开放发挥了重要的历史作用，但改革的任务仍然任重道远。中国经济社会发展进入新的历史阶段，我们需要抓住改革的关键环节，继续深入开展学术研究和政策讨论，推动我国经济社会向前发展。

50人论坛成员的著作，是他们个人辛勤劳动的结果，也得益于大家的相互交流。我由衷地希望，这些著作能真实描述中国经济社会的实际变化，受到广大读者的欢迎。

《推动地方探索创新　深化经济体制改革》
序　言

如何应对中国经济发展转向新常态所面临"三期叠加"（经济增长换挡期、结构调整阵痛期、前期刺激政策消化期）和"四降一升"（经济增速下降、工业品价格下降、实体企业盈利下降、财政收入增幅下降、经济风险发生概率上升）的严峻挑战，是朝野普遍关心的重大问题。前几年的主流意见，是从需求侧去寻找原因和提出对策。这种分析得出的结论是，经济增速下降的原因在于投资、消费、出口等"三驾马车"的力量不足，解救困难的办法就只能是增加需求。其中最容易做到的，则是增加投资需求。采用这种凯恩斯主义式的扩张性需求政策几年以后，人们发现，一方面它的提高增长率的正面效应愈来愈差，另一方面它的加杠杆的负面效应却使风险迅速积累，直到到危及我国金融系统安全的程度。正是这种情况促使愈来愈多的人回归到经济学的常识，认识到我们面临问题根本原因在于供给侧的动力不足。具体说来，就是在经济增长的新增劳动力、新增资本和效率提升这三个基本的动力源中，在人口红利消减和海量投资难于持续的情况下，由于资源错配和生产者积极性不振，全要素生产率不但没有提高，还在本世纪初以来出现了下降的趋势。这样，从2015年初期开始逐步形成了多数人的共识：为了应对挑战，需要从供给侧寻找病因和对策。应对方略集中到一点，就是提高供给侧的质量和效率，或者说，纠正资源误配，促进结构优化，实现经济发展方式由投资驱动到创新和效率驱动的转型。

问题在于，实现经济增长驱动力量的转换和经济发展方式的转型，是1995年制定"九五"计划时就已经提出的要求。到现在，20年已经过去了，为什么转变经济发展方式的任务还远远没有完成？早在十年前总结"十五"经验和规划"十一五"的发展时就已经得出结论，转型不顺利的根本原因是存在"体制性障碍"。核心问题是政府在资源配置中仍然起着主导作用，使市场机制有效配置资源和建立兼容激励机制的功能无法充分发挥。

从供给侧的病理分析可以得出结论，应对挑战努力是否能够取得成效，关键就在于能否通过全面深化改革，消除经济发展转型的体制性障碍，建立统一、开放、竞争、有序的市场体系，然后在市场价格的引导和竞争的作用下，进行截长板、补短板的资源再配置，实现经济结构的优化和经济效率的提高。

中共十八大为实施这一套应对方略指明了方向。十八届三中全会、四中全会、五中全会为它的实施制定了总体方案、规定了具体步骤。现在的任务就是，通过我们的工作，把它们落到实处。

根据过去改革的经验，从顶层设计、方案提出到具体执行，是一个复杂艰巨的过程，期间会遇到许多阻力和障碍。一是意识形态障碍。苏联式的意识形态在我们这一代人身上还是非常强烈的，这是一个沉重的包袱，而且思维方式的惯性还在继续，有些人依然可以打出这样的旗号来反对改革。二是特殊既得利益的阻力。因为改革得不彻底，所以就有很多腐败寻租的机会，利用旧体制的遗产发财致富。这种力量在过去30年中积累成为庞然大物，不可小视。三是不利的经济环境。推进改革要有一个良好的环境，但是反复使用的刺激政策已经使国家的腾挪空间变窄。四是很高的技术难度。建设现代市场体系需要进行复杂精巧的设计，而且要根据执行中发现的新情况、新问题及时修改和完善原有的设计，这在技术上、专业上提出了非常高的要求。

总而言之，改革的阻力和困难还很多，需要有以极大的政治勇气和智慧来克服障碍，推进改革。这需要我们所有人的共同参与。

正是为了响应这种共同参与、推进改革的要求，中国经济50人论坛在2014年启动了《推动地方探索创新　深化经济体制改革》的课题。课题组成员经过一年多的深入研究和反复讨论，形成了系列研究成果，包括《顶层设计与基层试错》、《完善中央地方财政关系》、《养老保障体制改革的方案建议》、《医疗保障体制改革的三种思路比较》、《新型城镇化背景下的土地供给改革方案研究》、《新型城镇化和土地制度改革》、《金融改革中的中央地方关系》等。这些研究在大的思路上与中共十八大以来的改革决定和"十三五"规划方向一致，但更加细化，而且在具体方案中有不少创新之处，很值得在深入探讨有关问题时参考。

吴敬琏
2016年1月10日

前　言

"十三五"期间，我国经济将全面进入由高速向中高速增长的转换过程，宏观经济下行压力加大，结构调整的任务更加艰巨。为抓住有利时机，加快经济结构调整，促进我国经济实现持续健康发展，跨越中等收入陷阱，实现更加适度的经济增长，我们就"十三五"期间中央地方关系、财税体制、金融体制、社会保障、土地制度等重点领域改革进行了深入研究。

课题组成员经过一年多的深入研究和反复讨论，形成了系列研究成果，包括《顶层设计与基层试错》、《完善中央地方财政关系》、《养老保障体制改革的方案建议》、《医疗保障体制改革的三种思路比较》、《新型城镇化背景下的土地供给改革方案研究》、《新型城镇化和土地制度改革》、《金融改革中的中央地方关系》。这一系列研究成果有两个共同点：一是我们强调地方政府在改革中的重要作用。在维护全国统一大市场的前提下，支持地方政府在养老和医疗保障、新型城镇化、区域性金融市场和金融机构、土地集体所有制改革、国资国企改革、政府机构和职能改革等方面探索创新，适度竞争，优化趋同。二是改革本身是个非常复杂的问题，不同的学者有不同的视角、研究方法和研究结论，在课题组讨论的过程中，课题组成员也有不同意见，因此我们在研究成果中将不同的观点一一展示出来，供读者比较、研究。对于这些没有标准答案的问题，我们秉持着开放、兼容并蓄的理念，既从学术研究角度提出顶层设计思路，也希望结合不同的专业背景和实践经验，提出切实可行的操作方案。

《推动地方探索创新 深化经济体制改革》课题组成员包括白重恩、高培勇、何平、李波、魏加宁、伍戈、张文魁、钟伟、周诚君（按姓氏音序排列）。吴敬琏、樊纲、钱颖一、吴晓灵、周小川等专家对课题研究精心指导。在中国经济50人论坛课题讨论会上，各领域专家提出了很多宝贵的建议。江苏省昆山市政府也参与了课题研究和讨论。在此，一并感谢他们无私的帮助和指教！

编者
2015 年 12 月

目录

第一章　引言 …………………………………………………………… 1
　一、完善中央地方关系，将顶层设计和基层创新有机结合 ……… 3
　二、深化财税体制改革，引导地方政府在制度层面良性竞争、
　　　优化趋同 ……………………………………………………… 3
　三、建立并完善层次丰富、竞争充分、创新驱动、开放包容、
　　　审慎稳健的现代金融体系 …………………………………… 5
　四、推动社会保障体制改革，更好地保障和改善民生 ………… 6
　五、推动城镇化土地制度改革，提高土地资源配置效率 ……… 8

第二章　顶层设计与基层试错 ……………………………………… 11
　一、顶层设计与基层试错的基本概念和关系 …………………… 13
　二、顶层设计与基层试错的若干案例 …………………………… 21
　三、中央地方关系改革的基本方向：水平性分工与当地化委托
　　　代理 …………………………………………………………… 25

第三章　完善中央地方财政关系 …………………………………… 31
　一、改革中央地方财政关系的必要性和紧迫性 ………………… 33
　二、改革中央地方财政关系的原则 ……………………………… 39
　三、保持中央地方财力格局总体稳定 …………………………… 41
　四、允许城市政府发债融资 ……………………………………… 48

五、建立地方税收体系 ·············· 53
　　六、硬化地方政府预算约束 ·············· 56

第四章　养老保障体制改革的方案建议 ·············· 71
　　一、改革目标 ·············· 73
　　二、逐步降低第一支柱基本养老金总体缴费率，降低统筹比例，
　　　　提高个人账户比重 ·············· 74
　　三、做实个人账户，划拨部分国有资产补充养老基金 ·············· 76
　　四、统账分离，统筹账户由政府管理，个人账户由指定商业
　　　　机构管理 ·············· 77
　　五、利用资本市场，实现养老基金的保值增值 ·············· 78
　　六、提高养老金的可携带性 ·············· 78
　　七、推动养老保障第二支柱、第三支柱发展 ·············· 84
　　八、发挥好中央和地方两个积极性 ·············· 85
　　九、可能存在的争议 ·············· 89

第五章　医疗保障体制改革的三种思路比较 ·············· 93
　　一、我国医疗保障体制现状分析 ·············· 95
　　二、医疗保障制度的国际比较 ·············· 101
　　三、我国医疗保障体制改革的三种思路 ·············· 104

第六章　新型城镇化背景下的土地供给改革方案研究 ·············· 117
　　一、引言 ·············· 119
　　二、新型城镇化的核心是"人的城镇化" ·············· 121
　　三、关键是要突破土地束缚 ·············· 124
　　四、土地管理制度的国际经验 ·············· 127
　　五、土地制度改革需要认识和突破的几个问题 ·············· 133

  六、土地供给制度改革方案设计 ……………………… 137
  七、资金来源的配套改革 …………………………… 142
  八、结语 …………………………………………… 145

第七章　新型城镇化和土地制度改革 ……………………… 147
  一、土地改革是新型城镇化的基础改革 ……………… 149
  二、土地制度改革的重心在于集约高效的土地流转 …… 156
  三、土地流转的政治社会风险分析 …………………… 164
  四、现有土地流转的一些典型案例分析 ……………… 170
  五、以土地制度改革推进新型城镇化的政策建议 ……… 185

第八章　金融改革中的中央地方关系 …………………… 189
  一、金融监管中的中央地方分工合作 ………………… 191
  二、推动地方在金融领域的探索创新 ………………… 202
  三、关于选取部分地区开展金融创新试点的建议 ……… 204

附录一　中国经济 50 人论坛简介 ……………………… 217

附录二　第三届中国经济 50 人论坛成员名录 ………… 220

附录三　中国经济 50 人论坛企业家理事会成员名录 … 224

后记 ………………………………………………………… 226

第一章
引 言

《中共中央关于制定国民经济和社会发展第十三个五年规划的建议》为我国"十三五"期间（2016—2020年）经济社会发展指明了方向，勾画了宏伟蓝图，是政府履行经济调节、市场监管、社会管理和公共服务职责的重要依据。"十三五"期间，我国经济将全面进入由高速向中高速增长的转换过程，宏观经济下行压力加大，结构调整的任务更加艰巨。为抓住有利时机，加快经济结构调整，促进我国经济实现持续健康发展，跨越中等收入陷阱，实现更加适度的经济增长，各领域的改革势在必行。结合"十三五"规划纲要及前期研究成果，我们就"十三五"期间中央地方关系、财税体制、金融体制、社会保障、土地制度等重点领域改革提出30项建议。

深化经济体制改革

完善中央、地方财政关系
- 提高地方政府在现有主体税种中的分享比例至50%，采用"税基分享模式"
- 允许城市政府直接发行市政债
- 完善地方政府债务市场化重组机制
- 引入房地产税、使用者付费等机制
- 改革转移支付制度
- 将国有资本经营预算纳入统一的公共预算

金融体制改革
- 大力发展全国性市场和区域性市场相结合的多层次资本市场
- 逐步实现商业银行综合经营，优化全社会融资结构
- 发挥金融创新功能
- 大力推进碳交易市场建设和碳金融支持
- 构建新型金融监管框架
- 适当调整中央和地方金融监管职能
- 加快人民币国际化进程
- 资本、项目、产能、技术与货币输出
- 加大支持金融机构、企业和个人"走出去"的力度

养老保障体制改革
- 逐步降低第一支柱基本养老金总体缴费率，提高个人账户缴费率
- 逐步做实养老金个人账户
- 试点养老基金的多元化管理
- 提高养老金的可携带性

医疗保障体制改革
- 大力发展商业性健康保险
- 允许地方政府试点以商业性健康保险为主体的新型医疗保障体制
- 建立有效的转诊机制，放开医疗服务价格管制和准入管制

土地制度改革
- 完善城镇建设用地供给和管理框架
- 建立土地资源大数据系统
- 在部分地区探索建立土地"当量"及其配额交易、管理制度
- 提高土地使用效率
- 分设国有土地运营部门和土地监管部门

一、完善中央地方关系，将顶层设计和基层创新有机结合

1. 完善中央地方关系，打破各级政府间简单的垂直性管理关系，在部分领域引入水平性分工，发挥好中央和地方两个积极性。各级政府作为提供公共物品的分工者，不同的任务可由不同层级分别独立承担，并拥有相匹配的事权和财权。中央政府负责维护全国统一大市场，防止出现跨地区贸易壁垒；地方政府负责本地化公共物品的提供，并面临本地化问责机制的约束。为将来制定《中央地方关系法》作积极探索。

2. 进一步简政放权，直接面向基层、量大面广、由地方管理更方便有效的经济社会管理事项，通过制订下放清单的方式，下放地方和基层管理，相应的财权随事务管理责任一并下放。加强地方政府在公共服务、市场监管、社会管理、环境保护等方面的职能。中央政府侧重行使宏观调控以及国防和外交职能。

3. 在维护全国统一大市场的前提下，支持地方政府在养老和医疗保障、新型城镇化、区域性金融市场和金融机构、土地制度改革、国企改革、政府机构和职能改革等方面探索创新，适度竞争，优化趋同。中央根据统一大市场的效率和公平原则，为地方的改革创新制订一定的指导性框架，并推动完善地方间的协调政策。

二、深化财税体制改革，引导地方政府在制度层面良性竞争、优化趋同

4. 按照发挥中央地方两个积极性的原则，完善分税制，实现"一级政府，一级预算，各级预算相对独立，自求平衡"，提高地方政府在

现有主体税种（主要包括增值税、所得税）中的分享比例至50%，实现中央地方财力格局总体稳定的目标。完善增值税、企业所得税和个人所得税为主体的共享税种，采用"税基分享模式"，即共享税由中央和地方对同一税基各自课征，税率可以由中央统一确定，国税局和地税局分别负责征管中央和地方享有的税收（各自50%），在保证统一大市场的前提下赋予地方一定的税收权力。

5. 进一步深化改革，实现地方政府借、用、还债主体一致，允许城市政府直接发行市政债，建立可持续的、市场化的城镇化融资机制。对地方政府债务的管理从规模控制逐步过渡到市场化约束机制，中央政府或立法机构可以采用比例控制方式规定地方政府债务的上限，比如债务占当地GDP的比例不得超过50%，利息支出不得超过经常性收入的一定比例等。

6. 消除隐性担保，打破刚性兑付，硬化地方政府预算约束，完善地方政府债务市场化重组机制。通过立法，明确宣示中央政府对市政债等地方政府债务的偿还不承担责任。允许地方政府债务违约事件发生，打消债券市场对"隐性担保"的预期，使地方债市场的定价能准确地反映这些地方的债务风险。制定专门立法，通过司法程序对违约的地方政府进行债务重组。

7. 加快引入房地产税、使用者付费等机制，使城市政府从依靠卖地转向依靠公共投入带来的城镇化红利。允许地方人大在财产税、基础设施和公共服务使用者付费等领域因地制宜决定税种、税率、收费标准、征管办法等。

8. 改革转移支付制度，减少专项转移支付，增加一般转移支付，将一般性转移支付占全部转移支付的比重提高到三分之二以上。在实践操作中，可以先从转移支付的增量入手，确保专项转移支付的增速小于一般性转移支付的增速；可组织财政部、审计署以及第三方机构对专项转移支付进行评估，每年评估三分之一，根据评估结果，逐步取消经济和社会效益较差的专项转移支付。

9. 强化法治约束，将国有资本经营预算纳入统一的公共预算，将所有财政性资金全部纳入国库单一账户管理，强化国库资金收支监督，加强对政府预算信息的披露要求。

三、建立并完善层次丰富、竞争充分、创新驱动、开放包容、审慎稳健的现代金融体系

10. 大力发展全国性市场和区域性市场相结合的多层次资本市场，建立更具深度和更富有弹性的金融市场体系。提高直接融资比重，降低实体经济融资成本。在健康、可持续发展的前提下，非金融企业直接融资占社会融资规模比重提高至25%以上，股票市场市值和债券市场余额分别占GDP的比重超过100%。

11. 通过银行设立基金管理公司、发行共同基金等综合经营方式，使部分居民储蓄存款转化为对资本市场的投资，优化全社会融资结构，增加居民投资渠道，降低企业杠杆率和债务风险。

12. 发挥金融创新功能，允许部分地方先行先试，积极发展众筹等新型互联网金融形式，允许通过众筹方式探索不同规模、针对不同投资者群体的证券公募和私募，实现众筹与资本市场多层次连接和良性互动。允许部分地方先行先试，发展商业银行股权与债权相结合的创新融资模式，加大银行体系支持创新驱动战略的力度。

13. 发挥总量管制和交易机制的作用，大力推进碳交易市场建设和碳金融支持。建立强制性碳排放限额，并逐层分配，为碳交易市场和新能源发展奠定制度基础，加快形成全国统一的碳交易平台和明确统一的碳价格信号。创造条件并鼓励金融机构以创新方式参与碳减排和碳交易。

14. 顺应金融业综合经营、互联网金融发展趋势，根据监管目标要

求，优化整合监管资源，构建宏观审慎管理和微观审慎监管有效统一、审慎监管与行为监管相互配合的新型金融监管框架。

15. 发挥好中央和地方在金融发展和金融监管领域的两个积极性。适当调整中央和地方金融监管职能，业务活动局限于本地区、业务规模在一定限度内的金融机构的准入和监督管理职责由地方政府负责。各地可允许部分符合监管标准的小贷公司转制为地方性小型银行，允许其在当地吸收公众存款，提供信贷服务，接受地方政府监管。中央政府通过存款保险制度等渠道对地方性金融机构的运营和监管进行适当规范。

16. 加快人民币国际化进程，推动人民币加入SDR，成为可兑换、可自由使用货币，力争"十三五"末期人民币跨境收支在我国国际收支中的占比达到一半以上。进一步扩大金融市场双向开放，加快推进本外币资金跨境流动一体化管理，完善可兑换条件下有效管理外债和资本流动的宏观审慎政策框架。

17. 推动设立政府支持的人民币海外投贷基金，使用人民币对"一带一路"、拉美和非洲国家提供项目投资和融资，实现资本、项目、产能、技术与货币输出，以进一步扩大出口，消化过剩产能，推动结构调整，促进经济增长。

18. 加大支持金融机构、企业和个人"走出去"的力度，允许包括个人在内的境内市场主体全球配置资产。放宽外资持股国内金融机构比例限制，推动金融业与国际市场深度融合，提高全球竞争力。

四、推动社会保障体制改革，更好地保障和改善民生

19. 建立政府强制性基本养老金、企业年金、个人自主型或商业性养老储蓄的"三支柱"养老保障体系。逐步降低第一支柱基本养老金总体缴费率，初期将总体缴费率从28%降到24%，其中个人账户从

8%增加到12%，统筹账户从20%降到12%；未来可进一步降低总体缴费率至20%，个人账户12%，统筹账户8%；最终过渡到16%的缴费率，个人账户12%，统筹账户4%，实现第一支柱30%左右的替代率。在一定限额内给予第二、第三支柱的养老金计划一定的税收优惠。

20. 逐步做实养老金个人账户，使账户产权更为清晰，实现正向激励。通过分期逐步划拨50%的国有资本等手段充实社保基金，主要用于充实养老金个人账户。逐步做实养老金个人账户意味着养老保障体制从现收现付制为主向预筹积累制为主转变，养老保障的待遇标准从受益基准制为主向供款基准制为主转变。

21. 试点养老基金的多元化管理。可选择几个省进行试点，允许个人在多家具有专业资质的养老金管理机构中选择，而且对其养老金的投资方向拥有一定的选择权，养老金管理机构可以面向不同风险种类和级别的投资市场。随着未来我国资本项目可兑换进程的推进，个人账户中的部分资金还可以配置到海外，以分享全球经济增长成果。

22. 提高养老金的可携带性。在实现基础养老金全国统筹之前，可继续实行地方统筹，同一个居民在多地就业后退休，其统筹账户养老金待遇实行"分段计算，归集发放"。关于个人账户的转移问题，可在中央的基本要求和原则框架内，由省级地方政府负责个人账户的制度设计，包括转移规则。

23. 大力发展商业性健康保险，有效解决医疗保障资金来源和财政负担问题。充分发挥医疗保险机构的第三方购买者功能，医疗保险机构对就医选择、药物选择、治疗过程等实施有效控制和约束，从而缓解医患信息不对称和医患矛盾问题，避免过度医疗消费，降低医疗成本。

24. 允许地方政府试点以商业性健康保险为主体的新型医疗保障体制。商业性保险公司可以提供多样化、多层次的健康保险产品，包括基本医保在内。在产品层次方面，可按农村人口、城市低收入阶层、中等收入阶层、高等收入阶层划分为四个层次，由健康保险公司按商业原则设计不同产品，实现市场分层，居民根据自身条件和偏好，选择不同层次，并可以根据条件实现转层。政府对贫困人群购买基本医疗保险提供补助。

25. 建立有效的转诊机制，促进医疗资源的合理配置。放开医疗服务价格管制和准入管制，充分发挥价格杠杆的作用，减少过度医疗需求，扩大医疗服务供给。通过放开医疗服务准入和大力发展商业性健康保险，实现公立与民营医疗机构公平竞争，增加医疗服务有效供给，推动医疗服务市场健康发展。

五、推动城镇化土地制度改革，提高土地资源配置效率

26. 完善城镇建设用地供给和管理框架。按照国土规划和用途管制原则，根据国家新型城镇化规划，明确近、中、远期城镇建设用地规划和土地供给，打包给出总的规划。一次性明确城镇建设用地供给规划，可以大幅改善城市土地供给预期。建立土地供给指标与户籍制度联动机制。

27. 建立土地资源大数据系统，对土地资源实行数据化管理，此项改革对于农地确权登记颁证、监控土地资源的利用情况、土地新开发、改变土地用途管理、监控农作物的面积和产量等具有重要意义。

28. 在部分地区探索建立土地"当量"及其配额交易、管理制度，建立市场化的城镇化土地供给及调控机制。发挥金融市场作用，建立以土地"当量"配额为标的的金融产品及其衍生品市场。

29. 提高土地使用效率。实现国有土地的有偿使用，即使是公益性的项目，也必须要有城市政府的财政部门按土地的成本价格向土地管理部门购买土地，从而促进公益项目节约用地。鼓励耕地承包经营权

的流转，更加集约利用农业土地。提高建设用地容积率。

30. 分设国有土地运营部门和土地监管部门。国有土地运营部门作为国有土地所有者代表，主要职责是持有并经营国有土地，包括土地的划拨、出让、出租、入股、联营等，使国有土地保值增值；同时按照土地监管要求，促进国有土地资源集约合理利用和保护。土地监管部门主要职责是通过政策引导，规划管控，产权保护等，为各种所有制土地市场主体及其行为提供服务并实施监管，包括国土规划、空间和用途管制、不动产登记、产权保护、市场监管等。

第二章
顶层设计与基层试错

魏加宁　张文魁　伍戈

摘要

在当前深化经济体制改革的关键时期，应协调推动顶层设计与基层试错。鼓励基层创新符合我国大国国情，是我国改革开放过程中积累的宝贵经验，有利于充分调动地方积极性，有利于充分释放地方生产力。在我国改革开放的实践经验中有很多成功案例，包括农村家庭联产承包责任制度的诞生、深圳特区在发展市场经济过程中先行先试、中国（上海）自由贸易试验区试点等，这些改革充分体现了顶层设计和基层创新、试错相结合的重要性。改革中央地方关系的基本方向应该是引入水平性分工与缩短委托代理链条。当前重点领域的改革，包括完善中央地方财政关系、养老保障体制改革、医疗保障体制改革、土地制度改革、金融改革过程中，都应协调好顶层设计和基层创新关系。

十八届三中全会通过的《中共中央关于全面深化改革若干重大问题的决定》提出，"全党同志要把思想和行动统一到中央关于全面深化改革重大决策部署上来，正确处理中央和地方、全局和局部、当前和长远的关系，坚定不移实现中央改革决策部署。中央成立全面深化改革领导小组，负责改革总体设计、统筹协调、整体推进、督促落实，各级党委要切实履行对改革的领导责任，完善科学民主决策机制，以重大问题为导向，把各项改革举措落到实处；鼓励地方、基层和群众大胆探索，加强重大改革试点工作，及时总结经验，宽容改革失误。"这强调了顶层设计与基层试错的重要性。在当前深化经济体制改革的关键时期，如何协调推动顶层设计和基层试错，如何在具体的改革领域践行顶层设计和基层试错具有重要意义。

一、顶层设计与基层试错的基本概念和关系

（一）思想渊源

顶层设计更多地强调理性主义。从认识论角度分析，顶层设计和基层试错都有深刻的思想渊源。顶层设计更多的是一种理论的思考方法，从理论出发，拿现状对照这种理论所描述的合理状态，然后按照这个合理状态去改革。其隐含的内容是，人应该发挥理性也有足够的理性设计出最合理的方案。欧洲大陆的启蒙思想即强调理性主义，如康德的启蒙理论。启蒙理性在康德哲学范畴中包括理论理性和实践理性两个层面，前者是达到对于自然事物和社会存在认识的先天条件和原则，后者则是在建立社会秩序时要服从的法则，康德呼吁人们勇敢而自由地运用理性[①]。启蒙运动最重要的任务之一就是改变人民的观念，通过思想解放运动达到社会改革的目标。理性主义、启蒙运动与其他的社会思潮相结合，使18世纪的欧洲民众对于自由、平等、民主、社会主义等观念的信仰取代了宗教信仰，爆发出巨大的实践力量，并以建立社会的、政治的、经济的、科学的统一体系为目标。19世纪的社会主义理论和运动以及其在20世纪的实践就是其政治上最为典型的表现。当然这里所谓的理论，并不是完全凭空想象的乌托邦，也是建立在实践的基础上，也带有经验的成分。

基层试错更多地强调经验主义。基层试错是一种经验的思考方法，直接从现实问题出发来分析问题的根源和解决的方案。英国经验主义就倡导这样的方法，如约翰·洛克在《人类理智论》中就指出，对一

[①] 韩水法：《启蒙：理性与理性主义》，载《云南大学学报（社会科学版）第三卷》，2004（4）。

些社会设计,不应该把判断建立于天生理念之上,而要把判断建立于经验之上。孟德斯鸠以经验为基础对社会和政治制度进行了大规模研究。他在探讨政体观时认为一个国家的政体同国家的自然环境、气候以及居民的生活习俗等都有密切的关系。为了防止权力被滥用或者专制权力的出现,孟德斯鸠还提出了著名的分权理论,后来在美国的民主实践中成为了现实。孟德斯鸠的政治学说带有浓厚的经验主义色彩。他对政体的论述不是建立在抽象的理念基础上,而是从经验出发,寻找影响政体与民主运作的各种现实因素,并设计出保证制度得以平稳运行的具体机制。托克维尔在19世纪初期以游历美国的经验所写成的《论美国的民主》,也强调了地方自治的作用,反映了他的经验主义思想。

以上这些不同的理论思潮,有的强调顶层设计,有的强调经验试错,在实践中,将两者结合起来也许能得到最有利的解决方法。

(二)"顶层"、"基层"与"设计"、"试错"的概念和内涵

基本概念。"顶层",即对改革方案进行决策和推动、在改革过程中对改革方案进行调整和修正的组织机构。"基层",是指实施改革方案的主体。"设计",是指具有长期性、全局性和系统性的代表国家长远利益的改革方案。"试错",是指将"设计"出的改革方案中的一个或若干任务进行试验。

顶层设计的内涵。在系统工程学定义中,"顶层设计"是指统筹考虑项目各层次和各要素,追根溯源,统揽全局,在最高层次上寻求问题的解决之道。具体来讲,顶层设计是运用系统论的方法,从全局的角度,对某项任务或者某个项目的各方面、各层次、各要素统筹规划,以集中有效资源,高效快捷地实现目标[1]。

---

[1] 张卓元:《中国改革顶层设计》,北京,中信出版社,2014。

在计算机语言中，所谓"顶层设计"是指由于计算机网络设计通常采用自顶向下（Top－Down）的模块化设计方法（见图1）。即先研究应用层、会话层和传输层的需求和功能，确定网络体系框架，然后设计、选择较低层的路由器、交换机和物理线路。根据某种设计模型将网络设计问题分割成多个模块，分别设计，模块之间确定标准接口，使它们互相匹配起来。①

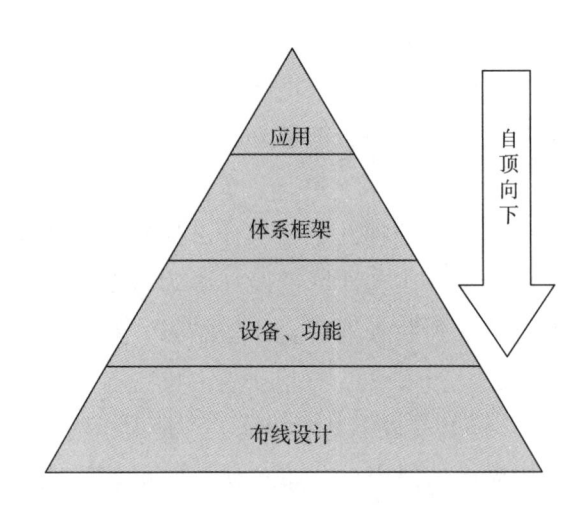

图1 自顶向下的模块化设计方法

在我国的实践中，"顶层设计"是在2001年国家信息化专家咨询委员会在讨论电子政务网络建设的问题时首次提出的，真正被引入改革领域则是在"十二五"规划纲要。"十二五"规划纲要强调，要"更加重视改革顶层设计"；2013年11月12日，十八届三中全会通过的《中共中央关于全面深化改革若干重大问题的决定》进一步明确要"加强顶层设计"。

---

① 参见师雪霖、赵英、马晓艳编著：《网络规划与设计》，北京，清华大学出版社，2012。

推动地方探索创新　深化经济体制改革

我们认为顶层设计必须要有长远意识、全局意识和系统意识，而且要能够抓住重点和关键环节，从目标、范围、内容和原则上提出（吴敬琏所倡导的）"最小一揽子"改革方案。顶层设计的目标一定是长期性的，而不是短期性的；顶层设计的范围一定是全局性的，而不是局部性的；顶层设计的内容一定是系统性的，而不是碎片化的；顶层设计的原则一定是抓框架，抓流程，抓大放小，而不是事无巨细、面面俱到。

基层试错的内涵。所谓基层试错，不是盲目试错，更科学严谨的比喻应当是计算机应用中的"分布式计算"。所谓"分布式计算"，就是将大任务化为若干个小任务，但是分布式的小任务相互之间具有一定的独立性。在"分布式计算"中，上个任务的结果未返回或者是处理错误，对下一个任务的处理几乎没有什么影响。因此，分布式的实时性要求不高，而且允许存在计算错误（因为每个计算任务给好几个参与者计算，上传结果到服务器后要比较结果，然后对结果差异大的进行验证)[1]。

"分布式计算"还具有以下基本特征：一是由于网络可跨越的范围非常广，因此，如果设计得当，分布式计算的可扩展性会非常好；二是分布式计算中的每个节点都有自己的处理器和主存，并且该处理器只能访问自己的主存；三是在分布式计算中，节点之间的通信以消息传递为主，数据传输较少，因此每个节点看不到全局，只知道自己那部分的输入和输出；四是分布式计算中节点的灵活性很大，即节点可以随时加入或退出，节点的配置也不尽相同，但是拥有良好设计的分

---

[1] 参见李天目、韩进编著：《云计算架构与实践》，北京，清华大学出版社，2014。

布式计算机制应能保证整个系统可靠性不受单个节点的影响①。

参照分布式计算的这些特点，我们认为，基层试错应具有改革意识、创新意识、宽容意识，因为即使个别地方的局部试验出现了错误，也不会影响到整个全局。同时，基层试错应允许存在制度竞争，允许制度的多样化。特别是我国，经济总量大，区域发展不平衡，各地条件千差万别，也都承担了巨大的责任。充分发挥地方的积极性，允许地方试验和地区间竞争是我国三十多年来经济改革较其他转轨制国家更为成功的重要原因之一。地方试验和相互竞争的改革模式符合我国国情复杂和市场经济分散决策的基本特征。

基层试错的重要激励机制之一应当是地方干部的政绩考核和升迁，地方干部的政绩考核内容应转移到改革创新上来。为了推进改革创新，中央必须把那些勇于改革创新的优秀干部提拔到重要岗位上来，从而使我国的改革开放车轮能够不断地滚滚向前。

---

① 分布式系统有一个重要的理论——CAP 理论，该理论指出，一个分布式系统不可能同时满足一致性（Consistency）、可用性（Availibility）和分区容忍性（Partition Tolerance）这三个需求，最多只能同时满足其中的两个。或称分布式计算的"不可能三角"。一致性：对于分布式系统，一个数据往往会存在多份。简单地说，一致性会让客户对数据的修改操作（增、删、改）要么在所有的数据副本全部成功，要么全部失败。即修改操作对于一份数据的所有副本而言是原子（Atomic）的操作。如果一个存储系统可以保证一致性，那么客户读、写的数据完全可以保证是最新的。不会发生两个不同的客户端在不同的存储节点中读取到不同副本的情况。可用性：可用性就是指在客户端想要访问数据的时候，可以得到响应。但是，应当注意的是，系统可用（Available）并不代表存储系统所有节点提供的数据是一致的。比如，客户端想要读取文章评论，系统可以返回客户端数据，但是评论缺少最新的一条。这种情况仍然说系统是可用的。往往会对不同的应用设定一个最长响应时间，超过这个响应时间的服务就称之为不可用的。分区容忍性：如果存储系统只运行在一个节点上，要么系统整个崩溃，要么系统全部运行良好。一旦针对同一服务的存储系统分布到了多个节点后，整个系统就存在分区的可能性。例如，两个节点之间联通的网络断开（无论长时间的或短暂的），就形成了分区。对当前的互联网公司来说，为了提高服务质量，同一份数据放置在不同地方是很正常的，节点之间形成了分区。除全部网络节点全部故障以外，所有子节点集合的故障都允许导致整个系统不正确响应。根据分布式计算"不可能三角"理论，在设计一个分布式存储系统时，必须考虑在三个特性中放弃一个。如果选择分区容忍性和一致性，那么即使坏了节点，只要操作一致，就能顺利完成。要百分之一百地保证所有的节点之间有很好的连通性是很难做到的。最好的办法就是将所有数据放到同一个节点中。但是显然这种设计是满足不了可用性的。

而对基层试错的约束,有两个原则:一是合法性原则,二是统一大市场原则。基层试错应在法律允许的范围内进行,避免以"试错"、"创新"为名突破法律法规限制。《中共中央关于全面推进依法治国若干重大问题的决定》也强调了法治是落实顶层设计的保障。同时要防止地方保护主义,尽可能地减少地方试错产生的负的外部性。

至于基层试错的范围,应当限制在地方政府相应的事权范围之内。为了鼓励基层试错,应进一步理顺中央地方的财权事权关系,积极将权限下放给地方政府。

(三)顶层设计与基层试错的组合和良性互动

最佳组合。根据不同的组合方式,可将"顶层"、"基层"与"设计"、"试错"划分为顶层试错、顶层设计、基层试错和基层设计四大类型(见图2)。如图2所示,纵坐标表示从层级上划分,可以区分为"顶层"与"基层";横坐标表示从方法上划分,可以区分为"设计"与"试错"。

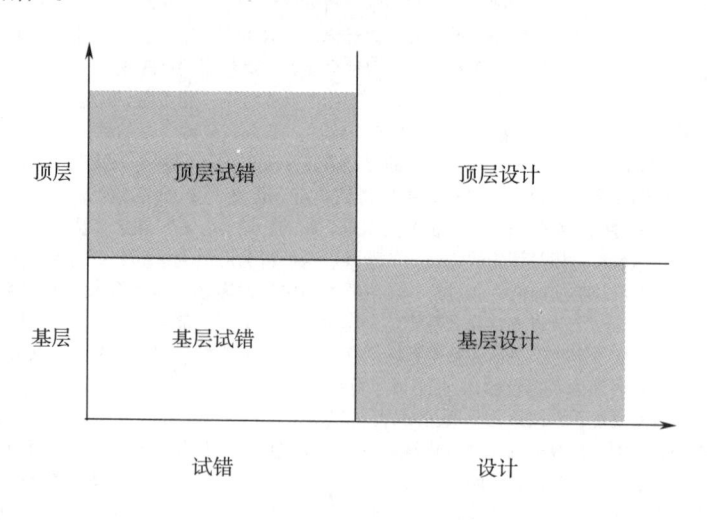

图2 顶层与基层、设计与试错的关系

一般来说，不成熟的顶层试错可能风险过大。例如中国政府于1958~1978年行政性分权的反复试验，给国民经济造成了许多消极的后果，政令不统一、市场被分割、经济资源配置机制混乱而造成大的浪费，形成了"一放就乱，一管就死"的"改革死循环"[1]；再如1958年开始的大规模的人民公社化运动，伤害了农民的合法权益和生产积极性[2]，使我国农村百业萧条。而基层设计不易创新，可能使改革寸步难行。因此，改革的最佳推进方式可能是顶层设计与基层试错的结合。

顶层设计与基层试错的良性互动。顶层设计与基层试错之间，应当相互配合，实现良性互动（见图3），要建立协调机制、互动机制。

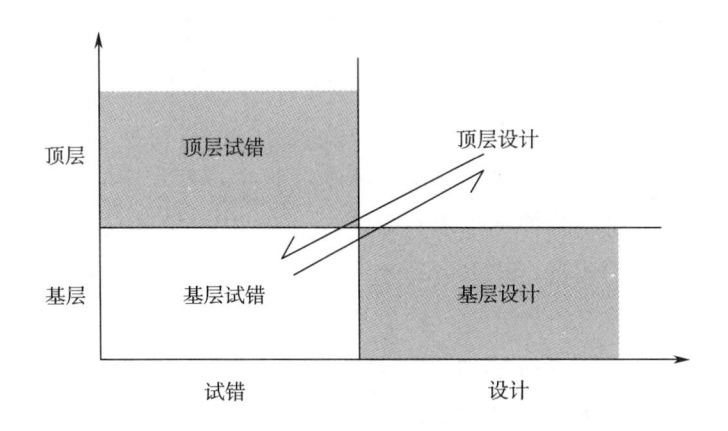

图3 顶层设计与基层试错的良性互动

首先，在进行顶层设计之前，凡是能够进行局部试验的，就尽量先进行局部试验；或者在顶层设计拿不准的时候，也可以先进行局部试错，以便在局部试验的基础上，在总结经验的基础上，搞好顶层设计。其次，在进行基层试错之前，最好能够先有一个大致的规划和大致的方向，确定基本的原则，明确需要在哪些方面试，而不是盲目去

---

[1] 吴敬琏：《当代中国经济改革战略与实施》，上海，上海远东出版社，1999。
[2] 陈锡文：《我国农业农村的60年沧桑巨变》，载《求是》，2009（19），33~36页。

试。再次，基层试错与顶层设计不能相互脱节，不能各自为政。基层试错是为了提高全社会的效用，不能以牺牲全局利益或其他地区利益为条件，也就是要避免负的外部性；而顶层设计是为了更好地推进基层试错。最后，基层试错与顶层设计之间的互动，往往不是一次性就能够完成的，而是要反复互动，反复试验，反复验证，反复修改设计，实行良性循环。

显然，地方和基层的大胆探索、重大改革试点与中央的总体设计、统筹协调存在一个如何理解和如何衔接的问题。在推进改革的实际工作中，地方上生怕没有准确推进改革，既担心该尽早推进的改革却拖宕了，又要避免该中央统一部署的改革却抢跑、该试点的却仓促推开、该深入研究后再推进的改革却急于求成；而中央在一定程度上又希望地方大胆探索试验，以便于中央总结经验和全面推行。就国有资产管理体制和国企改革这一重点改革领域来看，十八届三中全会召开之后，许多地方结合全会精神和本地实际情况，在2014年这一年里积极部署本地国有企业的改革，2014年就有20多个省、直辖市、自治区出台了本地国资国企改革指导意见，有的地方早在2013年末就出台了这样的指导意见，但中央直到2015年9月才出台全国性的国资国企改革指导意见。我国目前实行的是分级履行出资人职责的体制，中央的国企由国务院国资委等中央机构监管，地方上的国企由地方上的国资委等地方机构监管，到底地方政府和地方国资委是否有权力、有责任根据本地已出台的改革指导意见去按部就班地推进地方国企的改革，还是要等待中央出台类似的指导意见之后才能推进地方国企改革，并不是很清楚，至少在实际工作中地方上并不清楚，所以基本上处于等待观望状态。如果都以中央出台的指导意见为依据来推动地方国企改革，为何地方上还要出台各自的指导意见？又如金融领域改革，十八届三中全会提出要在加强监管的前提下，允许具备条件的民间资本依法发起设立中小型银行等金融机构，要界定中央和地方金融监管职责和风险处置责任。这些只是原则性的论述，当涉及区域经营的中小型民营银行这样的具体问题时，其牌照发放、日常监管、风险处置在中央和地方之间到底如何划分权责并不清楚，以至于这项改革的力度与实际需求和社会呼吁相比仍然有很大距离。国资国企改革和金融改革只是许多事例中的两个。

二、顶层设计与基层试错的若干案例

（一）家庭联产承包责任制度开启了我国农村改革的新局面

家庭联产承包责任制度是"自下而上"改革实践的成功案例。家庭联产承包责任制起源于基层创新，在得到顶层制度支持后，在全国范围推广，促进了生产力的极大解放。1978年11月24日，安徽省凤阳县小岗村的农民按下了手印，举起了"包产到户"的改革大旗，揭开了我国农村土地制度改革的序幕。然而当时受"左"的思想影响，中央层面的想法和政策经历了一个不断调整的过程。1978年，党的十一届三中全会作出了决策，在农村推行家庭联产承包责任制，并通过《中共中央关于加快农业发展若干问题的决定（草案）》，包产到户首次在中央文件中明确。1982年，中共历史上第一个关于农村工作的一号文件——《全国农村工作会议纪要》正式出台。针对几年来党内外的大争论，文件明确指出："目前实行的各种责任制，包括小段包工定额计酬，专业承包联产计酬，联产到劳，包产到户、到组，包干到户、到组，等等，都是社会主义集体经济的生产责任制。"一号文件给包产到户、包干到户正了名，为几年来的大争论画上了句号。1982年，全国农业生产总值比上年增长了11%，粮食比上年增长了8.7%，农民收入比上年增长了15%。

家庭联产承包责任制的创造开启了我国农村改革开放的新格局。

1983年元旦，中央第二个一号文件——《当前农村经济政策的若干问题》出台。该文件比前一个一号文件又进了一步，不仅指出"包产到户是社会主义集体经济的生产责任制"，而且高度赞扬"是马克思主义农业合作化理论在我国实践中的新发展，是在党的领导下我国农民的伟大创造"。这一年，全国农业总产值比上年增长14.5%，粮食产量比上年增长5.1%，农民人均收入比上年增长14.7%，农村经济逐步向专业化、商品化、现代化发展。1984年元旦，中央第三个一号文件——《关于一九八四年农村工作的通知》出台，文件突出强调"在稳定和完善生产责任制的基础上，提高生产力水平，发展商品生产，抓好商品流通"。1985年元旦，第四个中央一号文件——《关于进一步活跃农村经济的十项政策》出台。该文件就取消农产品统购统销制度，大力调整农村产业结构，进一步放宽山、林区政策，积极兴办乡村交通，放活农村金融，扩大城乡交流等提出了具体政策。因农产品短缺而在中国延续了三十多年的统派购制度基本上被取消了。这标志着中国农业生产发展迅速，农村已进入商品经济发展的新阶段。可见，家庭联产承包责任制是农民自发推行的制度变迁，后来得到中央的大力支持，并得以在全国推广，它开启了我国农村改革、农村经济发展的新局面。

　　家庭联产承包责任制的绩效和评价。在经济方面，相比人民公社的土地经营模式，家庭联产承包责任制使得家庭经营具备了分散性、灵活性、及时性的特点，能够适应农业生产的需求，而且在分配上打破了平均主义，把土地产出与农民利益直接挂钩。因此，家庭联产承包责任制解放了农村生产力，激发了农民的生产积极性，生产力得到了巨大发展，农民生活水平得到了提高。家庭联产承包责任制取得巨大经济绩效的同时，也为农村民主政治，尤其是为村民自治作出了贡献，农民政治意识觉醒，农村村民自治兴起。家庭联产承包责任制实行，使农村中一部分农民率先富裕起来，乡镇企业的发展，进一步促进了农村社会结构的分化和多元化。

（二）深圳经济特区在金融领域不断创新和突破

深圳经济特区初步建立社会主义市场经济体制。1978年，党的十一届三中全会作出了关于全国工作着重转移到社会主义建设上来的历史性决策，提出了实行对外开放、对内搞活的经济政策。1979年2月国务院发出文件，在关于宝安、珠海两县外贸基地和市政建设规划浮想的批复中表示：国务院深信，当时的宝安县要在三五年内"建设成为具有相当水平的工农业相结合的出口商品生产基地，建设成为吸收港澳游客的游览区，建设成为新型的边防城市，是完全可能的"，之后，批准把宝安县改为深圳市。1980年，党中央和国务院正式决定在深圳、珠海、汕头、厦门举办经济特区，实行特殊政策和灵活措施。创办经济特区，不仅仅是为了繁荣当地的经济，解决劳动就业，更重要的是发挥这些地方的各种优势，通过实施特殊的政策和措施，开展多种形式的对外经济合作，引进先进技术，通过特区体制改革的实践，探索和积累改革的经验，为全国提供有益的借鉴。

深圳经济特区率先初步建立了社会主义市场经济体制，在国有企业改革、发展混合经济、完善社会保障体系、口岸管理体制改革等方面进行了积极探索，取得较大进展[1]。特别是金融领域先行先试，开创了中国金融市场发展的新纪元。新中国第一张股票"深宝安"发行、成立深圳证券交易所、中国第一家外汇调剂中心挂牌、办理中国第一个住房按揭贷款、组建中国第一家证券公司等金融领域的标志性事件都发生在深圳特区。深圳经验为我国金融改革提供了鲜活的样本。同时，深圳特区金融监管理念更具市场化特色，不断简化创新事项审批手续，为改革创新开辟"绿色通道"；采取"负面清单"制度，凡法律法规未禁止的，大胆尝试；不断加大金融监管协调合作力度，不断

---

[1] 陈文梅：《深圳经济发展中的政府行为研究》，博士论文，2004。

加大金融监管协调合作力度,形成"大金融"、"大市场"、"大监测"的金融管理和发展格局①。

深圳金融改革创新的经验和启示。金融改革创新要立足地方特点。从深圳的情况来看,一方面,由于特殊的地理环境,深圳有着与其他城市不同的城市特点和经济基础,因此也有着其他城市所不同的金融发展路径。另一方面,深圳毗邻香港,两地联系紧密,深、港两地金融合作为深圳金融发展提供了良好的环境。有人认为,一般情况下金融改革只能采取自上而下的方式进行,因为金融市场是一个流动性很强、非常活跃的市场,如果在某一个局部——不管是局部的地方或者局部的产品进行改革,改革的外溢性会很强,会在金融资源配置上产生不公平问题。而从我国改革的实际进程来看,金融领域自上而下和自下而上的改革都存在。地方政府普遍认识到,只有通过改革,才能巩固地方的经济社会发展,推动本地的各种创新,维护本地的社会稳定。我国经济总量大,各地发展不均衡,因此,改革往往从小范围开始,是一种允许"试错"的过程②。

(三) 中国(上海)自由贸易试验区促进我国进一步融入全球经济

上海自贸区的建立推动我国进一步扩大对外开放。2013年9月国务院批准建立中国(上海)自由贸易试验区,意在积极探索管理模式创新,先行先试,促进贸易和投资便利化,为全面深化改革和扩大开放探索新途径、积累新经验。上海自贸区率先建立符合国际化和法治化要求的跨境投资和贸易规则体系,其改革创新的领域包括:转变政府职能,按照国际化、法治化的要求,积极探索建立与国际高标准投

---

① 张建军:《深圳金融改革创新的经验与启示》,载《中国金融》,2010(8)。
② 周小川:《我国金融改革中自下而上的组成部分》,国际金融论坛(IFF)演讲,2014。

资和贸易规则体系相适应的行政管理体系；扩大投资领域的开放，选择金融服务、航运服务、商贸服务、专业服务、文化服务以及社会服务领域扩大开放，营造平等准入的市场环境，建立负面清单管理模式，对外商投资试行准入前国民待遇，构筑对外投资服务促进体系，对境外投资一般项目实行备案制；推进贸易发展方式转变，推动贸易转型升级，提升国际航运服务能级；深化金融领域的开放创新，加快金融制度创新，增强金融服务功能；完善法制领域的制度保障等。上海自贸区一系列政策的出台，有力地促进了贸易投资便利化。截至2014年6月底，上海自贸区累计新设企业10445家，新设外资企业1245家；办理49个境外投资项目备案，对外投资12.69亿美元；半年完成经营总收入7400亿元；进出口总额同比增长11%。

上海自贸区对我国实施自由贸易区战略具有重要意义。国际贸易与投资规则发展呈现出新的趋势，一是服务贸易和投资协定成为新一轮国际贸易谈判和规则制定的核心内容。二是具有更高标准的新自由贸易协定将引领全球贸易新规则。三是WTO多边贸易体制将日益边缘化[①]。在经济全球化深入发展，区域经济一体化进程加速推进的大背景下，推进自由贸易区战略具有重要意义，我们可以看到，中国、日本、韩国、印度、东盟、美国、澳大利亚、新西兰之间正在形成多组相互交叉的自由贸易协定网络；美国强力推进《跨太平洋战略经济伙伴协定》（TPP）谈判等。上海自贸区的建立以及一系列的创新和试点，有利于我国提高开放标准，实施自由贸易区战略，进一步融入全球经济。

三、中央地方关系改革的基本方向：水平性分工与当地化委托代理

十八届三中全会通过的《关于全面深化改革若干重大问题的决定》

[①] 李波：《深化经济体制改革重点领域一揽子方案建议》，北京，中国经济出版社，2014。

中就中央地方关系提出了新的思路。"要进一步简政放权，直接面向基层、量大面广、由地方管理更方便有效的经济社会事项，一律下放地方和基层管理；加强中央政府宏观调控职责和能力，加强地方政府公共服务、市场监管、社会管理、环境保护等职责；优化行政区划设置，有条件的地方探索推进省直接管理县（市）体制改革。"完善中央地方关系，充分调动两个积极性是进一步深化改革的重要内容，也是推动其他领域改革的基础。

我们认为，中央地方关系改革的基本方向是水平性分工的引入，即各级政府主要是作为提供公共物品的分工者，最终建立一级政府、一级事责、一级财政、一级产权、一级公共物品、一级行政权力、一级民主治理的框架。水平性分工关系与垂直性管理关系有着本质区别。垂直性管理关系就是上级给下级下达计划、指派任务，并对下级分配资源、授予权力以及进行考核和奖惩，包括问责、人事任免。水平性分工关系就是不同的任务由不同层级分别独立承担，并拥有相匹配的资源和权力。

由地方政府提供地方性公共物品。公共物品涵盖非常广泛的范围，从基础设施到生态、环境、治安、教育、卫生、风险管控、社会安全网、福利、安稳和谐的社会氛围以及更好的创业环境、更大的商业吸引力和文化吸引力，以及相应的信息收集处理和发布，等等。在这个公共物品集合中，存在大量的地方性公共物品（local public goods）。地方性公共物品概念至少可以追溯到查尔斯·台博特对社区所提供的公共服务的研究（Tieout, 1956）。他认为，小范围的社区公共服务实际上是一种俱乐部产品，这比由更高层级在大范围提供统一的公共服务要更加贴近实际需要，也更加有效率。詹姆斯·布坎南（Buchanan, 1965, 2009）对俱乐部产品进行了更多的研究，进一步说明了小范围的公共物品的意义。华莱士·奥兹（Oates, 1981）从地方财政的角度进一步分析了地方公共物品与财政体系之间的联系，认为地方化的财政独立性和财政约束性更有利于地方政府提供适应当地需求的公共物品，而人口的自由迁移有利于各地公共物品偏好的多样化的出现和公众自由选择的显示，从而出现各地公共物品的竞争，提高公共物品的适应性和财政效率，从而他也引出了财政联邦主义。他和罗伯特·施瓦布（Schwab，Oates，1991）进一步系统地研究了地方公共物品的提供和社区构成，他们认为，由于公共物品提供的地区化，民众可以通过居住迁徙即以脚投票的方式来表达自己对所提供的公共物品的选择和满意度，从而避免了用手投票的高成本、不现实的问题，这实际上也避免了社会选择中的阿罗困境（肯尼思·阿罗，2010）。地方政府提供大部分的公共物品有利于降低信息处理成本，提高公共物品的提供效率。

建立与水平性分工相对应的中央地方财政关系。主要由地方来直接提供公共物品并识别当地民众对公共物品的选择偏好，自然也要求财政方面的自主性必须提高，这样才能使财政体系更有效率，也更具约束性。事实上，中国目前的财政效率较低，财政资金中存在大量的专项转移支付，使许多财政资金用非所需，浪费了大量财政资源，而且缺乏与公共物品需求变化相适应的弹性。因此，未来地方财政不应该继续主要依赖中央财政的转移支付，而是要通过增强地方自身的财政自主性来解决问题。具体到改革中央地方财政关系，关键是完善分税制，发挥中央和地方两个积极性，实现"一级政府，一级预算，各级预算相对独立，自求平衡"。当然，仍然会有一些具有全国性的、外部性的公共物品需要由中央政府直接承担而不是由中央政府下达计划和指令要求来由地方政府提供。这就是一个与公共物品提供的水平性分工相一致的多级自主性财政体制。当然需要指出的是，所谓地方财政的自主性只是相对的，在任何国家，哪怕是在那些联邦制国家，中央财政不但对地方财政仍然进行一定的资金支持，而且也进行一定的监督和约束。

调整相应的问责体系。在一个金字塔的体系中,问责制度是单向化的,永远是上面打下面的板子,这是剩余收益权和剩余控制权不对称,其实更容易导致道德风险。在一个水平分工体系中,由于大部分公共物品将由地方政府直接提供并直接承担事责,并且需要财政体系的相对独立,那么,当地化的委托代理体制必须形成,这样才能使问责明确和有效。大卫·布朗和约翰·沃德威尔的研究显示(Brown, Wardwell, 1980),民众在不同区域间的迁徙的确与他们对各地公共物品的选择偏好和满意度有关,这实际上使公共物品的供给出现了某种程度的市场化竞争和市场化问责的机制。当然,对于由政府提供的公共物品而言,这种程度的市场化竞争和市场化问责机制远远不够。可以考虑引入一种更加符合公义、由民众直接发声(voice)和积极参与的问责机制。迈克·詹森(Jenson, 1983)在研究组织理论时,引入了委托—代理关系框架,罗德里克·凯威特和马修·麦卡宾斯(Kiewiet, Mccubbins, 1991)则直接将民众与政府之间的关系定义为委托—代理关系。如果把民众与提供公共物品的政府之间的关系定义为委托—代理关系,显然,地方政府直接提供地方化的公共物品并承担事责、行使相应权力,那么需要一种当地化的委托—代理机制。这种当地化的委托—代理机制,不但意味着对当地公共物品偏好和强度的选择不是来自于中央,而且相应的权力也不是来自于中央,问责也不是来自于上级——中央,它们都是来自于本地民众或者本地民众的代表。一直以来的那种链条长、距离远的垂直化委托—代理关系,即从上到下、层层叠叠的委托—代理关系,应该被改革为链条更短、距离更近的本地化委托—代理关系,这种本地化的委托—代理关系就是本地的老百姓要成为本地政府的一个委托人,本地政府作为一个代理人来提供公共服务、丰富公共物品。当然,笔者再次澄清,一定程度的垂直管理关系将仍然存在的,水平分工关系的清晰化、稳定化并不会完全消除垂直管理关系的存在。这与前面所讨论的自主性的地方财政和当地化的民主治理是相吻合的。

参考文献

［1］陈文梅：《深圳经济发展中的政府行为研究》，博士论文，2004。

［2］盖瑞·米勒：《管理困境：科层的政治经济学》，上海，上海人民出版社，2002。

［3］韩水法：《启蒙：理性与理性主义》，云南大学学报（社会科学版）第三卷，2004（4）。

［4］贾康等：《深化财税体制改革的基本思路和政策建议》，载《比较70》，北京，中信出版社，2014。

［5］肯尼思·阿罗：《社会选择与个人价值》，上海，上海人民出版社，2013。

［6］李波：《深化经济体制改革重点领域一揽子方案建议》，北京，中国经济出版社，2013。

［7］詹姆斯·布坎南：《公共产品的需求与供给》，上海，上海人民出版社，2009。

［8］张建军：《深圳金融改革创新的经验与启示》，中国金融，2010（8）。

［9］周小川：《我国金融改革中自下而上的组成部分》，国际金融论坛（IFF）演讲，2014。

［10］Brown, David, John Wardwell, eds. *New directions in urban-rural migration* [M]. New York, Academic Press, 1980.

［11］Buchanan, James. *An economic theory of clubs* [J]. Economica, 1965 (32).

［12］Jenson, Michael. *Organization theory and methodology* [J]. Accounting Review, 1983 (3).

[13] Kiewiet, Roderick. , Mathew Mccubbins. *The logic of delegation* [M]. Chicago, University of Chicago Press, 1991.

[14] Oates, Wallace. *On local finance and the tiebout model* [J]. American Economic Review, 1981 (71).

[15] Rivlin, Alice. *Strengthening the economy by rethinking the role of federal and state governments* [J]. Journal of Economic Perspectives, 1991 (5).

[16] Schwab, Bobert, Wallace Oates、*Community composition and the provision of local public goods* [J]. Journal of Public Economics, 1991 (44).

[17] Tieout, Charles. *A pure theory of local expenditures* [J]. Journal of Political Economy, 1956 (64).

第三章
完善中央地方财政关系[①]

白重恩　高培勇　李波

摘要

　　我国现行的财税体系面临中央地方事权财权不匹配等问题，地方政府缺少收入而责任重大。随着营改增的逐步推进，现行分税制体系无法维持运转。下一步改革，关键是完善分税制，发挥中央和地方两个积极性，提高地方政府在财权和财力方面的确定性，实现"一级政府，一级预算，各级预算相对独立，自求平衡"。具体建议包括：一是为保持中央地方财力格局总体稳定，可以考虑配合"营改增"，提高地方政府在现有主体税种（增值税、所得税）中的分享比例至50%。同时，由中央承担出口退税，鼓励地方改革创新，改革转移支付制度。二是允许城市政府发债融资。三是建立地方税收体系。四是硬化地方政府预算约束。

感谢吴晓灵、许善达、钱颖一、余永定、宋晓梧、汤敏、汪同三、王一鸣、魏杰、李晓西等专家在50人论坛课题讨论会上提供的宝贵意见。本文仅代表作者个人观点，文责自负。

十三五规划纲要明确，要"深化财税体制改革，建立健全有利于转变经济发展方式、形成全国统一市场、促进社会公平正义的现代财政制度，建立税种科学、结构优化、法律健全、规范公平、征管高效的税收制度"。"调动各方面积极性，考虑税种属性，进一步理顺中央和地方收入划分"。这为我国进一步完善中央地方财政关系提供了指导思想和基本原则。

一、改革中央地方财政关系的必要性和紧迫性

（一）现行财税体制面临的矛盾

财政关系是中央地方关系的重要内容之一。为与经济改革相适应，我国财税体制也经历了一系列变革：20 世纪 80 年代初期，为调动地方改革积极性，我国实行了以"财政包干"为核心的行政分权改革，向地方下放了大量的财权和事权；1980～1993 年进行的三次财政体制改革的内容也都是围绕"包"字展开的；1994 年的"分税制"改革变财政"包干制"为分税制，划分了中央与地方的财政收入和支出。实践经验证明，不同时期的财税改革基本上顺应了当时的体制转型和经济发展需要，为建立和完善我国公共财政体系、促进经济社会发展奠定了基础。但是，上一轮财税改革至今已经过去了 20 年，原有的中央地方财政关系已难以适应现在的经济结构。

当前中央地方财税关系与 1994 年最初的设计初衷是不一样的。一是分税制设置的原则发生变化，最初的设计原则是财权与事权相匹配，到 2006 年、2007 年改为财力与事权匹配，然而，财力与事权是难以匹配的，因此，现在提出事权和支出责任匹配的概念。二是关于税收的划分问题。1994 年提出分税制，将整个税源切成三块，一是地方税，地方自己去管，自己收；二是中央税，中央管理征收；三是中央地方

共享税。1994年最初的改革主要是解决中央宏观调控能力的问题，地方税的问题没有被提上议事日程。之后2002年所得税分税改革，以及现在的营改增，进一步降低了地方的税收收入分成比例（我国税种划分情况见表1）。三是分级财政分级管理的问题。一级财政应当具有可以相对独立地组织自己的收入、支出的权利，以及相对独立的平衡自己的收入与支出的权利。而当前地方对中央财政的转移支付依赖程度很高，地方财政在一定程度上演变为机构财务（见图1、图2）。

这一系列变化导致现行分税制中地方事权财权不匹配。在2013年财政收入中，中央占46.59%，地方占53.41%；在2013年财政支出中，中央占14.65%，地方占85.35%。相对于现有事权，中央集中了较多的财政收入，地方则显财力不足，而现行的转移支付体系随意性较强，无法有效解决地方财力不足的问题（2013年中央财政平衡关系、地方财政平衡关系见图3和图4）。

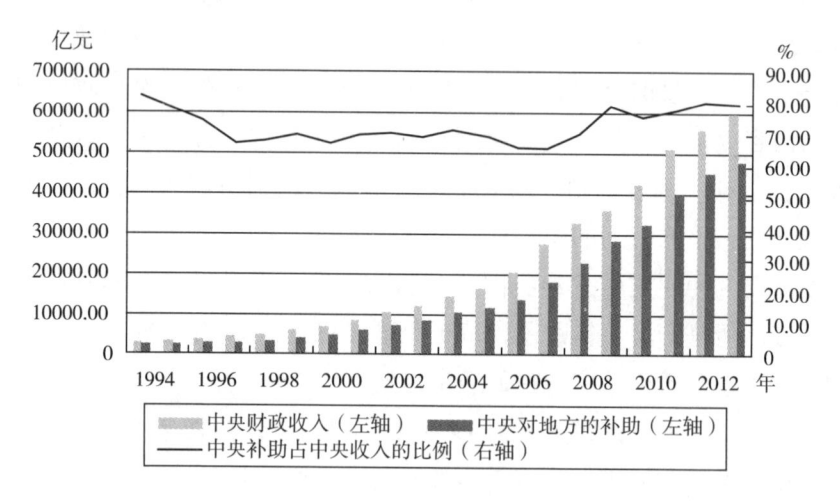

数据来源：WIND。

图1 1994~2013年中央对地方补助情况

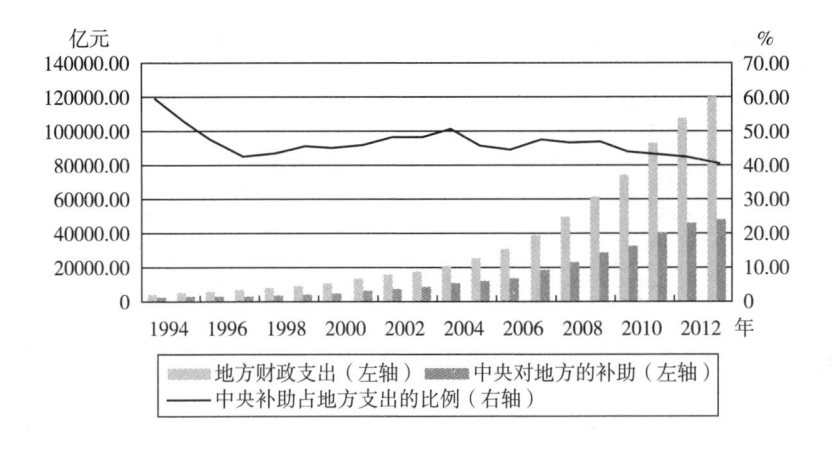

数据来源：WIND

图 2　1994～2013 年中央补助占地方财政支出情况

如果在深化财税体制改革过程中过多地依赖转移支付而忽视地方政府收入问题，将导致地方政府减少对当地经济增长和政府收入的关注，或更多地通过土地财政及其他预算外收入补充财力，造成经济行为的扭曲，不利于维护改革开放的大好局面。地方政府抓经济对于改革发展稳定意义重大，需要保护其积极性。

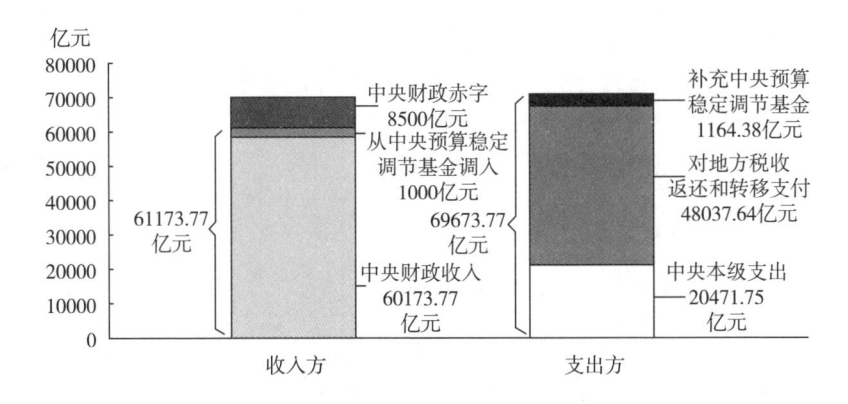

图 3　2013 年中央财政平衡关系

表1 目前中国分税制中税种划分

单位：亿元，%

序号	税种	中央税或地方税	中央地方分成比例	征税机构	金额(2011年)	其中 中央	其中 地方	中央地方税入比例 中央	中央地方税入比例 地方	占总税入比例 中央	占总税入比例 地方
1	增值税（不含进口货物劳务）	共享税	75:25	国税局	24266.63	18277.38	5989.25	75.3	24.7	20.4	6.7
2	消费税（不含进口货物劳务）	中央税	100:0	国税局	6936.21	6936.21	0	100.0	0	7.7	0
3	进口消费税、增值税	中央税		海关	13560.42	13560.42	0	100.0	0	15.1	0
4	营业税	共享税		国税局、地税局	13679	174.56	13504.44	1.3	98.7	0.2	15.0
5	关税	中央税	100:0	海关	2559.12	2559.12	0	100.0	0	2.9	0
6	企业所得税	共享税		国税局、地税局	16769.64	10023.35	6746.29	59.8	40.2	11.2	7.5
7	个人所得税	共享税	60:40	国税局、地税局	6054.11	3633.07	2421.04	60.0	40.0	4.0	2.7
8	资源税	共享税		国税局、地税局	595.87	0	595.87	0	100.0	0	0.7
9	城市维护建设税	共享税		国税局、地税局	2779.29	169.37	2609.92	6.1	93.9	0.2	2.9
10	房产税	地方税	0:100	地税局	—	0	—	0	100	—	—
11	城市房地产税	地方税	0:100	地税局	—	0	—	0	100	—	—
12	印花税	共享税		国税局、地税局	438.45	425.28	13.17	97.0	3.0	0.5	1.4
13	城镇土地使用税	地方税	0:100	地税局	1222.26	0	1222.26	0	100.0	0	—
14	土地增值税	地方税	0:100	地税局							
15	车船税	地方税	0:100	地税局	—	0	—	0	100	—	—
16	车辆购置税	中央税	100:0	国税局	2044.89	2044.89	0	100.0	0	2.3	0
17	屠宰税	地方税	0:100	地税局	—	0	—	0	100	—	—
18	农业特产税（烟叶税）	地方税	0:100	财政局或地税局	1075.46	0	1075.46	0	100.0	0	1.2
19	耕地占用税	地方税	0:100	财政局	2765.73	0	2765.73	0	100.0	0	3.1
20	契税	地方税	0:100	财政局							
21	其他各税				4.15	2.99	1.16	72.0	28.0	0	0
22	出口退税				-9204.75	-9204.75	0	100.0	0	-10.3	0
23	船舶吨位税				29.76	29.76	0	100.0	0	0	0
	各项税收				89738.39	48631.65	41106.7	54.2	45.8	54.2	45.8

数据来源：WIND。

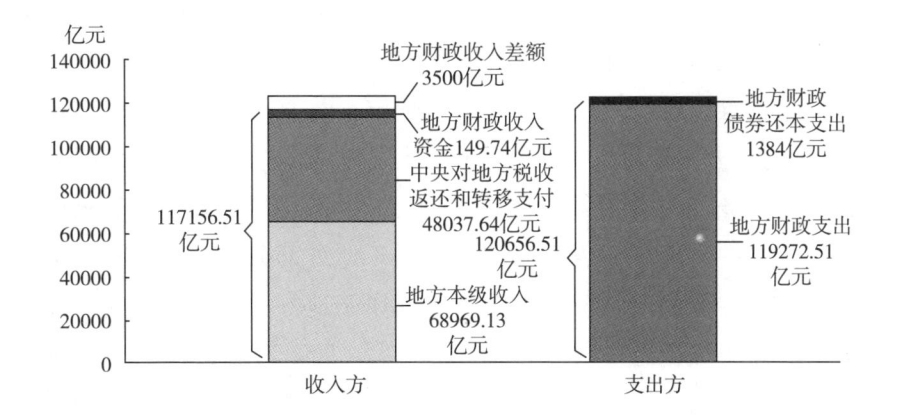

资料来源：《关于2013年中央和地方预算执行情况与2014年中央和地方预算草案的报告》。

图4 2013年地方财政平衡关系

（二）现行分税制不可持续

随着营业税改增值税（以下简称"营改增"）的逐步推进，现行的分税制体系已无法继续维持运转。一是"营改增"将减少财政收入。"营改增"在整体上将减少企业负税，实现结构性减税，不考虑地方政府增值税收入基数和中央增值税增量的返还因素，"营改增"在一定程度上会减少中央和地方政府的总收入，特别是地方政府收入。据估算，如"营改增"全面推开，税收收入将减少约10000亿元[①]。二是"营改增"将明显减少地方政府组织的地方政府税收收入规模。在现行税收征管体系中，国税局和地税局的分工原则是管户按税种划分，地方税务局组织入库的税额中归属地方的比例只有40%。按照现行"营改

---

① "营改增"试点期间，从营业税改成的增值税由国税部门代征后全部返还地方，但这种做法从中长期来看无法持续。第一，如果由营业税改成的增值税与原有的增值税用不同的方式分享，将扭曲地方政府的激励机制和税收的公平性；第二，由国税局征收的"营改增"部分归属地方，可能会导致国税局在征收过程中偏袒中央政府利益；第三，改为增值税之后，企业更倾向于专业化分工，一个服务业企业可能"裂变"为多个新企业，工业企业也可能裂变为服务业企业，返还的基数就难以被科学地确定。

增"范围计算，2013年地方组织的地方政府税收收入规模要减少2500亿元左右，大约占到总收入的30%。三是"营改增"后形成的增值税分成新规将难以维持。现行试点方案规定，营业税改革形成的增值税100%作为地方固定收入，原增值税实行中央与地方75%与25%分成。但是企业业务范围的变化以及新企业的产生都将导致无法准确划分增值税中属于中央地方分成部分和全部属于地方部分，其结果有可能导致将中央地方分成的增值税确定为全部属于地方的增值税，这一漏洞将随着我国服务业比重的提高而日益扩大。四是"营改增"后地方政府将更加依赖国税局的收入。如果将营业税全部改为中央地方分成的增值税，地方政府依赖中央政府的国税局的收入将从14%上升到24%，这也是近几年地方政府抱怨财政体制的原因之一。

根据测算①，如果营业税全部改为中央地方分成的增值税，地方政府依赖地方税务局组织的收入将为总收入的18%左右，依赖于中央政府的国税局征收的地方收入将为总收入的24%左右，依赖于中央政府财政拨付的转移支付收入假定仍为20%，那么，地方政府自己组织的收入只占全部地方财政收入的三分之一左右，而三分之二的收入要依赖中央政府的国税局和财政部。

许善达（2013）认为，中国的省级政府只有三十多个，一个省责任之大远超过一些发达市场经济国家，上述财税收入分配格局将无法正常运行。虽然中央政府可以上收某些支出责任，比如司法方面，但总体来说，1994年确定的地方40%＋20%、中央60%－20%的格局比较符合中国国情。因此，必须将因营业税改增值税而减少的地方政府收入用其他办法加以补偿，以使地方自己组织的税收收入达到40%，占地方总收入的三分之二，其他三分之一依赖中央政府的国税局和财政部。

---

① 许善达：《营业税改增值税，现行分税制不可持续》，工作论文，2013。

二、改革中央地方财政关系的原则

（一）实现"一级政府、一级预算，各级预算相对独立，自求平衡"

我国财税体制改革的总体目标应该是转变经济增长方式，改善经济结构；提高经济运行效率，改善收入分配，促进社会公平；建立公开、透明、法制化的预算体制，约束政府过度干预经济，控制宏观税负，减少腐败；同时提高财政的可持续性，控制系统性风险。具体到改革中央地方财政关系，关键是实现"一级政府，一级预算，各级预算相对独立，自求平衡"。

过去三十多年我国的经济改革具有两个基本特点：地方实验和地区间竞争。这一改革模式是我国较其他转轨制国家更为成功的重要原因之一。地方实验和相互竞争的改革模式符合大国国情复杂和市场经济分散决策的基本特征。这种改革模式继承和发展了我国两千多年的中央地方关系，其主要特征是在政治上中央集中（主要表现在人事上），在资源和经济上向地方放权①。根据弗朗西斯科·契伦伯格的理论，中央地方政府关系的变动可以从自治模型和整合模型的角度来分析（Kjellberg, 1995）。在自治模型框架下，地方政府与居民很接近，了解现实问题和需求，所以地方政府应该高度自治；在整合模型框架下，中央政府作为国家的代表，可以给各种附属性政治机构授权。从实践上看，地方政府和中央政府的关系既不是完全整合的也不是完全自治的。在经济方面，多数的政府体制或多或少都有联邦的属性，即便在典型的单一制国家，在分散的政府层级中，也存在相当程度的事

---

① 详见：许成钢：《中国经济改革的制度基础》，载《世界经济文汇》，2009 (4)。

实上的分权（Wallace E. Oates, 1999）。这种经济上的分权表现为"一级政府，一级预算，各级预算相对独立，自求平衡"模式下，地方政府的相对独立性、确定性和主动性。

（二）完善分税制，发挥中央和地方两个积极性

分税制是指国家在各级政府之间明确划分事权及支出范围的基础上，按照事权与财权相统一的原则，结合税种特征划分中央与地方税收管理权限和税收收入，使各级政府拥有自己独立的税收收入，并以此为主辅之以补助制的财政管理体制①。

"分税"不等于"分钱"。"分钱"主要通过分税率或分成来实现，在中央给地方政府"分钱"的过程中，地方政府处于被动地位；"分税"的核心是分财权、分事权，财权的划分包括分税收的立法权、征管权、减免权等，事权的划分是指各级政府基于不同职能而应有的办事权。因此，完整的分税制不限于税种的划分，其基本依据是事权，核心问题是财权，主要表现是财力。调整我国中央和地方的财政关系应以完善分税制为原则，科学划分税种，合理划分事权财权，逐步建立地方税收体系。

（三）增强地方政府的确定性

要充分发挥地方政府的积极性，应增强地方政府在财务方面的确定性。从经济学的角度来看，经济主体在面临相对确定的财务约束，包括对收入的预期时，才能作出相匹配的财务支出规划以及相应的经济行为。财务确定性有利于提高经济主体的运行效率。地方政府的财务收入过度依赖中央，将导致地方政府难以判断可以争取到的财政资

---

① 戴小明：《中央与地方关系：民族自治地方财政自治》，78页，北京，中国民主法制出版社，1999。

源，难以提高预算的科学性和系统性，出现"跑部钱进"、"年底突击花钱"等现象。因此，完善中央地方财政关系的一个重要原则是增强地方政府的财务确定性，按照分税制的本义，合理划分事权财权，使得地方政府可以独立组织收入、安排支出，实现"一级政府，一级预算，各级预算相对独立，自求平衡"。

关于完善中央和地方的财政关系，本章从以下四个方面进行分析：一是保持中央地方财力格局总体稳定；二是允许城市政府发债融资；三是建立地方税收体系；四是硬化地方政府预算约束。

三、保持中央地方财力格局总体稳定

十八届三中全会通过的《关于全面深化改革若干重大问题的决定》明确："保持现有中央和地方财力格局总体稳定，结合税制改革，考虑税种属性，进一步理顺中央和地方收入划分。"这是我们下一步完善中央和地方财税关系的一个重要指导原则。

（一）三个基本思路

对当前的分税制改革主要存在两种意见：一种是保持地方事权基本不变，增加地方固定财政收入比重，减少中央固定财政收入比重，同时减少转移支付规模，特别是专项转移支付规模；另一种是中央上收较多的事权，并增加中央财政收入比重。应该看到，我国是一个幅员辽阔、人口众多且地区发展极不平衡的大国，一个省的规模和复杂度远超过一些中小国家。如果短期内将较多的事权上收至中央，不仅不符合当前国情，而且也不利于发挥地方积极性，且与市场化改革的基本方向背道而驰。因此，财税体制改革要充分考虑每项支出的历史沿革和复杂性，合理安排，循序渐进。

根据十八届三中全会通过的《关于全面深化改革若干重大问题的

决定》，要保持现有中央和地方财力格局总体稳定，可以有三个基本思路。

方案一：配合"营改增"，提高地方政府在现有主体税种中的分享比例

考虑到"营改增"后带来中央地方间的税收收入变化，近期可提高地方的增值税分成比例。按 2011 年税值测算，中央地方在营业税和增值税（不含进口增值税）两项税收收入上的实际分成比例基本为 1:1；"营改增"全面实现后，在不考虑其减税效应的前提下，一个可行的方案是将增值税的地方分享比例提高至 50%，以维持原有中央地方在该项税源上的实际分享比例仍为 1:1。虽然"营改增"在一定程度上会减少中央和地方政府的总收入，但是对促进投资、促进经济增长作用显著。因此，在资源税、房地产税等改革完成之前，可考虑提高地方增值税分享比例至 50%，保持其他主体税种分享比例不变，基本可以弥补地方因"营改增"产生的收入缺口[1]（该方案的具体测算情况见附件 1）。

方案二：由地方征收所得税或提高所得税地方分成比例

目前，企业所得税和个人所得税中 60% 归中央，40% 归地方；按照 2011 年数据估计，所得税划归地方所有可增加地方收入 13000 亿元左右，可以弥补由于"营改增"所导致的地方财力和支出责任的错配。

方案三：主体税种划分比例不变，将消费税和车辆购置税改为在消费环节征收，同时大部分划归地方

消费税和车辆购置税的总规模约 12000 亿元，大部分划归地方基本可以弥补由于"营改增"所导致的地方财力和支出责任的错配。从中长期来看，房地产税可以作为地方收入的重要补充。

---

[1] 在 2011 年营业税和增值税（不含进口增值税）收入合计中，中央占比为 48.6%，地方占比为 51.4%，因此，如果在"营改增"后规定中央和地方增值税的分享比例为 50:50，则基本可维持地方原有的收入水平。

不论选择上述哪种方案，或者重新搭配后的某种组合，都应该衡量方案对地方政府的激励作用。同时，应立足长远，考虑未来地方新的财力出现（如房地产税、汽车牌照拍卖收入等）等因素，确保新体制的稳定，避免中央和地方财政关系的频繁变动。

关于上述三个方案的利弊，我们的初步判断是，方案一的操作最为简单，地方政府没有调节增值税税率的权力，全国增值税税率统一，但有观点担心增值税是不鼓励效率的，因为考虑了折旧问题，提高增值税的地方分享比例可能激发地方加大投资，加剧重复建设。在方案二下，地方政府可根据自身情况确定税率，企业和居民可以通过"用脚投票"的方式激励地方政府提高公共服务质量，但地区间的不平衡将更加严重，公共服务均等化面临一定挑战。方案三面临的挑战包括：一方面，特别消费税和车辆购置税的可持续性面临问题，烟草和汽车的消费增长都将在中长期减速，税基不够稳定，并不能从中长期上解决地方政府财力不足的问题；另一方面，在以收入税为主的税收体系中，征收消费税比较合理，但在我国以增值税为主的税收体系中，征收消费税存在重复征税的问题。

我们认为，地方政府分享50%的增值税并不必然导致地方政府重复建设。从理论上说，只要市场竞争充分、投资主体面对预算硬约束，就不会出现严重的重复建设。从经验来看，欧盟的增值税归各国所有，但并没有出现各国之间的重复建设。从国内来看，增值税并不是地方政府片面追求制造业大项目的主要原因。过去，营业税（主要适用于服务业）是地方政府的主要财政收入来源，但地方政府并没有为了扩大税源而加紧扩大发展服务业。因此不能简单地认为地方政府会由于增值税分享而加剧重复建设。事实上，我国地区间重复建设与地方政府预算软约束、地方保护主义导致的竞争不充分，以及干部人事制度等因素相关（详见附件2）。

另外，不论选用哪种方案，虽然地方加总的财力与支出责任的匹配基本得到解决,但地区之间的财力有可能会发生明显的重新洗牌。因此,税权在中央与地方间的重新分配和分享税分享比例的重新确定,都必须与中央向地方转移支付的改革配套进行。中央向地方的一般性转移支付体制应该基于各地的"支出需求"和新体制下的"财政能力"(基于新的政府间税权分配格局、分享比例和新的专项转移支付体),从而达到支持公共服务均等化的目的。

(二)出口退税"谁收谁退"或者由中央承担

1985年以来,中央先后颁布了7项涉及出口退税的政策,除了1987年政策规定由中央统一负担出口退税外,其他6个文件都涉及地方财政分担出口退税问题。目前,出口退税以2003年实退指标为基数,增量部分地方负担7.5%,其余的增量、基数及欠退税由中央财政负担。这种中央与地方共同负担的机制存在一定问题。首先是地方财政负担不平衡。地方政府承担的退税额按照当地的出口额计算,并非按照"谁征谁退"的原则退税。在我国目前的贸易流通格局下,出口地出口的商品很少完全在出口地企业生产完成,绝大部分出口商品是由出口地购进半成品,在出口地加工完成或者直接收购出口。这样的生产经营过程所涉及的产业链很长,意味着多个地方政府对出口商品从生产原料到成品加工完成进行了征收增值税。每一环节征收的税都缴给不同的地方政府,最终却要由出口地政府来负担全额退税,这就可能使地方税务机构在出口商品增值税的征管上出现退税额大于征收额的情况。因此,为减轻地方财政的压力,产生了新的地方保护主义,一些政府排斥收购外地货源,限制外地采购原材料生产产品出口,进一步导致了地区间逆向的财政转移,地区不平衡状况加剧。从根本上讲,出口退税分担机制所产生的地方政府间财税关系不平衡是由于增值税本身的属性所决定的。

为了减轻地方负担,纠正现有分担机制产生的问题,我们提出两个方案：一是"谁收谁退"，即出口货物在境内征收的增值税分成后，享受增值税分成的政府负责承担该货物的出口退税。此方案具有税收中性特点，不会对地方政府行为产生大的影响，但操作难度较大。从其他国家经验看，很多国家实现了出口退税的征退一体化，其基础是严密的信息监控，有的国家不仅实现了税务系统内部各部门之间的纵向联网，而且实现了与全国各主要行政机构的横向联网，通过计算机系统判断纳税人的进项税和销项税的真实性。若采取方案一，需要完善相关信息网络平台建设，完善出口退税征管手段。二是在现有的技术条件下，可以考虑由中央承担出口退税，不再由地方政府承担。此方案可以减轻地方政府的财务负担，但无法解决增值税分成和出口退税造成的地区间不均衡现象，也可能导致地方政府抢夺出口资源。人民银行、外汇局和税务总局在防止骗退税方面积累了二十多年的经验。从国际和国内经验看，防止骗退税关键在于出口退税制度的科学化，与地方政府承担多少是没有关系的。没有证据表明，地方政府不承担出口退税会助长退骗税行为。同时，"营改增"之后，地方将失去一个重要的独立税源，地方财政收入将减少。在这样的背景下，不宜再加重地方政府的支出负担，出口退税全部由中央政府承担具有必要性和可行性。

（三）鼓励地方改革创新

改革开放的实践证明，推动改革要充分发挥地方的积极性；国际经验也表明，向地方适度放权并不必然影响统一大市场的运行，关键是法治的统一。除了推动司法权"去地方化"等少数地区间外部性较强的领域外，其他地方现有事权目前仍可继续由地方掌握，鼓励地方在养老保障、医疗保障、医药卫生、教育等民生领域和土地制度等新型城镇化领域探索创新，积极推动各项改革。中央根据信息复杂性和激励相容原则，为地方的改革创新制订一定的大的框架和基本原则，引导地方间在制度层面上展开良性竞争,以达到优化趋同的目的;建立和完善地方间的协调政策和协调机制,例如适当协调社保和医保的跨地区结算。

(四) 改革转移支付制度

转移支付在不同的中央地方财政关系中,发挥的作用是不同的。以美国和法国为例,在美国联邦制模式下,各级政府独立行使各自权责、自行管理,因此中央对地方的转移支付注重支付所达到的目的。在法国的单一制模式下,转移支付主要以平衡预算补助为主,主要是为了达到财力的均等化目标[①]。

表 2   政府间转移支付比较

国别	转移支付		
	总额收入分享补助	专项补助	分类补助
美国	联邦政府的收入按公式和比例在各州和地方政府之间分配	有两种基本形式:一是项目专项补助,即联邦政府按照自己的意愿确定补助对象和标准。二是公式专项补助,即联邦政府依据有关法律规定的共识确定补助对象和标准,前者占专项补助的2/3,后者占1/3	上级政府依据法定公式对某些领域的补助,下级政府对这类补助的使用有相对自主权。主要运用于教育、健康服务、社会服务、地区发展、城市发展、能源、司法建设、交通运输等
法国	平衡预算的补助		专项补助
	按各市镇人口、税收多少、贫富状况等因素决定,一般只有省和市镇两级政府能够享受,大区政府不能享受		地方专项工程予以补助,包括如市镇修建学校、铁路、托儿所

资料来源:李丹:《地方预算监督法律机制研究》,博士论文,2012。

---

① 李丹:《地方预算监督法律机制研究》,博士论文,2012。

在我国当前的中央地方财政模式下，转移支付的主要目的应是平衡预算。建议改革转移支付制度，减少专项转移支付，增加一般转移支付，将一般性转移支付占全部转移支付的比重提高到2/3以上。在实践操作中，可以先从转移支付的增量入手，确保专项转移支付的增速小于一般性转移支付的增速；可以组织财政部、审计署以及第三方机构对专项转移支付进行评估，每年评估1/3，根据评估结果，逐步取消评估结果较差的专项转移支付。按照2011年的数据测算，中央对地方的转移支付占31.9%（占当年全国财政收入的比重，下同），其中一般转移支付[①]占16.8%，专项转移支付占15.2%（详见表3）。在"营改增"后增值税中央地方按1∶1分享方案的基础上（详见表4），随着部分地方事权逐步上收中央，转移支付中的5%（占当年全国财政支出比例）可相应取消，作为对中央本级财政支出的补充。同时，通过严格界定引导类、救济类和应急类专项转移支付，将一部分专项转移支付取消，并入一般转移支付。通过上述改革，一般转移支付比例可提高到20%左右，专项转移支付比例下降到7%左右。

表3　　　　　　　　　2011年中央对地方专项转移支付结构

2011年中央对地方专项转移支付	金额（亿元）	占当年财政总支出比重（%）
合计	16569.99	15.17
其中：教育	1184.54	1.08
科学技术	91.92	0.08
社会保障和就业	1462.31	1.34
医疗卫生	896.65	0.82
环境保护	1548.84	1.42
农林水事务	4183.99	3.83
其他专项转移支付	7201.74	6.59

数据来源：WIND。

[①] 这其中还包括名为一般实为专项的转移支付。

表 4　　　　　　"营改增"后的转移支付改革设计

——增值税中央地方按1:1分享

按2011年数据测算	金额（亿元）	占当年财政总支出比重（%）
①2011年中央向地方转移支付	34881.33	31.9
其中：②一般转移支付	18311.34	16.8
③专项转移支付	16569.99	15.2
④中央需增加的财力（中央本级支出达20%）	5500	5 左右
⑤改革后的一般转移支付规模	21800	20 左右
⑥改革后的专项转移支付规模	7600	7 左右

数据来源：WIND。

四、允许城市政府发债融资

（一）允许城市政府发债融资的必要性

城市政府财权事权不匹配。总体来看，中国是一个大国，一个省甚至一个市比一些国家的面积还要大、人口还要多，各地经济发展水平也很不平衡。从信息对称性、支出责任和受益范围相一致的激励相容原则出发，诸如市政基础设施、医疗、教育、住房等大量公共服务事权，由地方尤其是转入人口较多的大中城市政府承担为宜。目前在每年的财政总支出中，由地方支出的占到80%。这些支出中地方预算内收入少的只占到30%，多的也只有50%，缺口除依靠中央政府转移支付外，其他主要来自土地出让金和各种融资平台负债。从2010年末到2013年6月末，地方政府负有直接偿还责任的债务增长了近4万亿元，年均增速超过20%，大大超过同期地方财政收入增速。如果不允许城市政府发债融资，结果会是各种不规范的变相举债大行其道。近两年限制银行对地方政府融资平台贷款，城市政府转而通过各种"影子银行"渠道融资，不仅债务增速有增无减，而且融资方式更不规范，环节多，利率高，风险大。

既然城市政府支出责任难以减少，允许城市政府发债融资就是必然选择。市政债主要有两种：一是一般责任债券，以发行者的税收能力为后盾，其信用来自于发行者的税收能力；二是收益债券，通常为了建造基础设施而发行，其偿债资金来源于设施有偿使用带来的收益。在诸多负债方式中，发行债券最为规范、透明，约束力也最强。从中国的情况来看，2009年以来地方平台债务大幅上升到GDP的20%左右，一些地方已经出现偿债风险；随着监管层收紧银行对平台贷款，从2012年开始，地方平台开始转向以信托贷款等方式融资，地方债务风险又以新的形式体现出来。从近几年情况来看，相对于信托、同业、银行信贷等，地方政府融资平台公司发的城投债相对规范，市场约束也较强。2011年云南高速等城投债个别违约，一度引发整个城投债市场萎缩；2013年下半年债券利率明显上升，城投债发行量也明显下降；2014年以来债券市场违约有所暴露，信用利差也明显扩大。这些情况表明，城市政府直接发债已经受到一定的市场约束，各地城投债的评级差异、利率差异也逐渐拉开，并逐步倒逼城市财政提升透明度、健全预算制度，是利用市场力量推进改革的一个有益尝试。

与目前的以行政管控为主的体制相比，市政债新体制有如下好处：有更好的透明度，即将许多隐性负债（如平台债）转化为公开的政府直接负债，因而容易在早期识别和化解风险；有自我约束机制，即对风险较大的地方政府，债券市场会以较高的乃至惩罚性的利率抑制其融资的能力，甚至完全切断其融资的渠道；投资者有足够的分散度（来自于银行、保险、基金、其他机构、外资、个人等），不会过度集中于银行体系，降低了系统性风险；只要体制设计和操作合理，就可以有效降低道德风险，包括使发债的地方政府不会因为上级政府的

"隐性担保"而过度借债,投资人也不会因为"隐性担保"而低估风险、过度投资。

(二)发债主体和管理模式的选择

城市政府应直接举债,避免代发债。新的《中华人民共和国预算法》允许省级政府发债,但从国际经验来看,国外地方债主要还不是州(省)一级政府发,市、县、郡等地方政府通常要占地方政府债券发行量的60%到70%。按照"一级政府、一级财权、一级事权、一级举债权"的要求,借、用、还债主体应保持一致,城市政府应直接举债。中央代地方发债本质上还是政府代替市场选择,争指标、争额度,争不到的还是要变相举债,容易滋生腐败,恶化信用环境。现在平台融资模式的一个主要弊病就是,平台负债、政府花钱,偿债责任不清,加剧预算软约束等道德风险。相反,如果是城市政府直接发债,市场就可以从众多城市中甄别选择出城镇化质量确实好的地方发债,体现了对城镇化发展自身规律的尊重。这样也才能真正硬化地方政府预算约束,地方政府对其举借的债务负有偿还责任,上级政府不实施救助。

地方政府债务管理的国际经验。各国地方政府债务的管理模式主要有四种类型:市场约束、合作安排、法规控制和行政管理[①]。在市场约束模式下,地方政府举债行为不受中央政府限制,主要受金融市场约束,因此,当地方政府发生违约时,中央政府不实施财政援助。这种模式对金融市场的完善和有效性提出了较高要求。在合作安排模式下,中央政府和地方政府通过协商的方式来管理地方债务,地方政府就赤字目标、主要收支项目等与中央达成一致。预算硬约束是这一机制有效发挥作用的必要前提。在法规控制模式下,中央政府通过明确

---

① 李青、韩立辉:《地方债务管理模式的选择——理论框架、国际比较及启示》,载《中国行政管理》,2013。

的法律条款来控制地方政府举债,包括设立偿债能力指标、限制地方债务水平、限定债务用途等。在行政管理模式下,中央通过控制地方债务规模、限制举债等方式对地方进行控制。在这种模式下,中央政府对地方债务的审批形成了地方债务显性或隐性保证。

对地方政府债务的管理应从规模控制逐步过渡到市场化约束机制。目前,自行发债试点的省(市)在国务院批准的发债规模限额内发行债券,从长期来看,应逐步取消规模管理,由市场发挥自我约束作用。对于风险较大的地方政府,债券市场会以较高的乃至惩罚性的利率抑制其融资能力,甚至完全切断其融资渠道。中央政府或立法机构可以采用比例控制方式规定地方政府债务的上限,比如债务占当地GDP的比例不得超过50%,利息支出不得超过经常性收入的一定比例等。如果采取直接的规模控制,一方面由于各地情况复杂,中央政府很难真正了解各地实际情况,地方政府也会通过各种方式争夺规模;另一方面,中央政府划分规模,在一定程度上有"隐性担保"的含义。如果在中央政府规定的债务额度内,地方政府发生违约,中央政府会陷入是否应救助的两难境地,中央政府的权利和义务不匹配,也难以真正硬化地方政府预算约束。

(三) 具体建议

一是进一步修改《中华人民共和国预算法》,允许城市政府发债融资。立法规定市政债务的上限和用途,规定地方政府发债所筹得的资金必须用于资本性项目,不得用于经常性支出。地方政府的经常性预算必须平衡。通过立法明确地方政府的债务上限是市场经济国家硬化地方政府预算约束的法律基础。比如,美国各州和地方政府均由本级议会颁布管理地方债务的法律,巴西则在国家层面通过的"财政责任法"来对地方债务进行约束①。

二是政府性债务要全口径纳入预算管理，原则上只要是政府发的债或有偿付责任的都要分类纳入预算，即政府资产负债表不仅包括机关事业单位，也要包括政府负有偿债责任的融资平台和其他国有企业。同时加快建立全口径的权责发生制政府会计制度；比如，PPP（公私合作）合同中为吸引私人资本而设定的特许经营权、补贴条款都属于政府未来的隐性支出，本质上是政府对企业的应付账款，是一种隐性债务，而目前政府预算采取收付实现制，应付账款或者隐性债务并不在当期预算体现。提高债务的透明度，将对地方政府的债务总量以及各种担保行为构成制约。

三是消除隐性担保，打破刚性兑付，完善地方政府债务市场化重组机制。通过立法，明确宣示中央政府对市政债的偿还不承担责任。在实际运行中，应该允许若干基本没有系统性风险的中小规模的市政债违约事件发生，以建立中央承诺不担保的可信度，从而打消债券市场对"隐性担保"的预期，使地方债市场的定价能准确地反映这些地方的债务风险。对部分有系统性风险的大城市违约案例，应该采用在中央或省级政府支持下的债务重组方式（如中央或省级政府给予部分救助，但绝对不能全盘接收债务，以免加大道德风险），降低违约对投资者的损失和风险在金融市场上的传导范围。但是，涉及事件的市政府官员必须承担最大责任。地方首长免职、市政府重新组阁、地方政府开支大量削减必须成为上级政府帮助重组债务的条件。

四是充分发挥市场的约束作用和地方人大的监督作用，地方人大必须建立其对发债和偿债能力的自我评估和约束机制。所有市政债的发行计划都必须通过地方人大的预算批准。地方政府必须对地方人大、公众和资本市场公开详细的财政收支、资产负债表、偿债能力指标的

---

① 马骏：《市政债制度硬化地方政府预算约束研究》，工作论文，2014。

信息。鼓励机构投资者、非营利专业机构对地方政府开展信用评级；建立发行人和投资者分级制度，鼓励本地居民购买本地政府债券。

五是提高市政债的信用评级可信度。建议加快制定信用评级以及征信等方面的法律法规，强化评级机构信息披露，及时公布评级流程、评级方法和评级结果的变化。加强评级机构的独立性。评级的作用在于用统一、科学的标准对不同地方政府的财政稳健性和透明度进行评判，高评级有利于地方政府获得成本较低的融资，因此，评级有利于地方政府增加透明度，加强财政纪律。

六是加快引入房地产税、使用者付费等机制，使城市政府从依靠卖地转向依靠公共投入带来的城镇化红利，从而使其拥有稳定、长期的还债来源。允许地方人大在财产税、基础设施和公共服务使用者付费等领域因地制宜决定税种、税率、收费标准、征管办法等。

五、建立地方税收体系

应明确中央和地方的事权划分，在此基础上调整中央与地方政府税收收入划分，使地方政府的财权和事权更为对等。逐步建立和完善地方税体系，赋予地方适当的财权，包括一定的税收立法和征管权，建立以财产税、资源税、基础设施和公共服务使用者付费等一揽子综合性地方税收及其征管体系。建立新型地方税体系的一项内容是，赋予地方人大在地方税种方面的立法权，由地方人大决定地方税的具体税种、税率等。对地方税收合理性的约束可以通过地区间的竞争实现，局部过高或者不合理的税赋可能导致投资和人才的流失，不利于地方经济的发展和区域竞争力的提升。因此，各地在制定相关地方税条例时，除了考虑征收的可能性外，还将综合分析其对当地投资和人才吸引环境的影响。

（一）个人所得税政策调整

当前个人所得税制度加剧了居民收入差距过大的问题。近年来，我国个人所得税收入的近50%来自于工资薪金项目，虽经多次进行包括上调起征点在内带有减税倾向的改革，但来自工资薪金项目所占个人所得税收入的比例仍然过高，这种现状与个人所得税调节公民收入税制改革的方向和宗旨相违背，导致个人所得税不但没有发挥直接税理论上调节社会收入分配功能，反而加剧了当前居民收入差距过大的问题（徐瑞娥，2009）。李林木和汤群群（2010）对1994年分税制以来我国直接税收入分配效应的研究也表明，税制改革十多年来税收收入中个人所得税比重和社保费比重的提高不仅没有起到缩小收入差距的作用，反而在一定程度上拉大了税后收入差距。现行个人所得税分类税制模式既造成了税负的横向不公平：相同数额但不同来源的收入很可能要缴纳不同的税额；也造成税负的纵向不公平：收入来源多元化的高收入者所纳税额不一定比中低收入者多。从2012年个税收入结构来看，其中约50%来自工资薪金所得，20%～30%来自个体户生产经营所得和储蓄存款利息所得，而财产转让所得、股息、租金、劳务报酬所得等项目所占比重很小。另外，我国缺乏有效的直接税的征管体系，弱化了调节作用。个人所得税税源分散且隐蔽性强，对征管体系有着很高的要求。由于条件的限制，我国一直未能建立起有效的直接税征管体系，征管不到位助长了大量的偷逃税行为的发生，从而弱化了直接税的调节作用。

税制的不完善不仅体现在税制设计方面的缺陷上，还体现在税收的不遵从程度上。以个人所得税为例，自2006年起，我国实行年收入12万元以上的个人自行申报纳税制度，但据测算，80%以上的高收入者没有申报，如果再考虑到那些已申报但不实的人数，可以说我国的高收入者税收不遵从度已经非常严重（李林木、汤群群，2010）。

一个可能的改革方向是由地方政府确定当地个人所得税税率并进行征收。地方政府可以在中央确定的原则和范围内确定当地个人所得税税率。考虑到现阶段我国个人所得税的收入规模和社会收入差距不断拉大的现实,当前以个人所得税为代表的直接税改革的着力点应以培养和完善税制为主,以筹集财政收入为辅。短期内改革应更多地关注税收征管基础条件的培养和弥补现有漏洞,而不能指望依靠直接税作为税收收入的主要来源。相对于易于征收的增值税等间接税种,个人所得税等直接税的征收成本即使在发达国家也是巨大的。李稻葵(2011)认为,当前中国的社会基础不支持西方式的高税额、高累进的个人所得税制,征收具有较大的经济、社会和政治成本。在现阶段引进这一税种的主要目的应立足于让全社会培养自觉纳税的习惯,提升纳税意识,而不应过于强调其财政收入筹集功能。在居民尚未充分感受到税收与社会福利挂钩的情况下,针对个人的税收必须慎重。如果个税过重,有可能激化社会矛盾,不利于和谐社会的建设。

我国现行个人所得税采用分类税制,即对于不同性质的收入按不同税率征税。其中对于工薪资金收入,由于其易于征收,在实际中成为个人所得税主要征收对象,造成我国广大工薪阶层个人所得税税负过重,而对作为高收入阶层收入主要来源的非工资收入却征收乏力。未来应着力改变我国现行个人所得税制整体制度设计及执法力度不同导致纳税人之间不公平的现象。

另外,个人所得税制改革应考虑国际税收竞争因素的影响,构建税制竞争力。对于具有较高收入的服务业专业人才以及企业高级管理人员,目前我国个人所得税负担不但远高于中国香港、新加坡(最高税率分别为17%和20%)等个税较低的地区,同时也高于印度、美国和德国等国(最高税率分别为30%、35%和40%)。而个人所得税偏高,除了抑制工薪阶层收入增长,也会导致国际型服务业中、高级人才和企业高级管理人员难以进入内地,进而影响服务业高端业务的发展和整体管理水平的提高。未来应着重减少和简化税率级次，降低最高边际税率，甚至实行单一税率。

（二）征收房地产税

从税源和事权的一致性以及尽可能地减少对已有税种税基冲击等方面考虑，以房产税为主的财产税是相对适宜的地方主体税种，而且财产税按财产存量计征，稳定性上受当期 GDP 流量的直接影响较小，也不会对当期 GDP 增长带来冲击。

在房地产税具体设计思路上，有两个方案：一是新老划断，只对新购房产征税。此方案法律风险较低，实施阻力较小，但可能引发对利益既得者保护的质疑，也可能导致市场分割。二是对存量、增量房产统一征收房产税。存量房屋有可能大量进入二级市场交易，扩大供给，有利于降房价，有利于防止市场分割，但征收存量房产的房产税可能面临阻力，因为购买这些房屋时房价中已包括 70 年产权的土地使用费。对于上述两种方案，初期可考虑允许不同地方选择不同方案进行试点，在实践中积累经验，逐步优化趋同[①]。

六、硬化地方政府预算约束

关于地方政府预算约束，既包括机构直接监督，也包括金融市场外部约束等。按照监督机关的性质及隶属关系，地方预算监督主要分为三种：一是以立法机关为主体的监督类型，其职权在于制定法规，议决相关预算和决算；二是以行政机关为主体的监督类型，财政机关对其内部机构的行为以及使用财政资金的部门单位的资金运转情况进行监督；三是以司法机关为主体的监督类型，其职责主要是按照现行

[①] 李波：《深化经济体制改革重点领域一揽子方案建议》，北京，中国经济出版社，2014。

法规和预算，审核地方财政收支预算执行情况。硬化我国地方政府预算约束，应从立法、行政、司法、市场等多方面推动。

（一）强化法治约束

建议进一步修改《中华人民共和国预算法》，明确以下事项：一是将国有资本经营预算纳入统一的公共预算。二是将所有财政性资金全部纳入国库单一账户管理，强化国库资金收支监督，在"国库一本账"中全面、清晰地记录每一笔国库收支信息，实现政府资金统一核算和管理；不断优化国库集中收付流程，国库收入由缴款人直接缴入国库单一账户，国库支出由国库单一账户直接拨付到收款人账户，不断提高国库资金收支运转效率和透明度。三是加强对政府预算信息的披露要求，对预算公开的原则、内容、时限、方式作出明确规定；在范围上应公布地方政府公布资产负债表、全口径的预决算项目，并细化公开到"目"；赋予社会公众申请预算公开的权力，并为权力的行使提供法律救济；明确政府预算信息要按照与国际接轨的会计准则进行披露，并按照该会计准则进行外部审计。四是允许地方政府债务重组，并建立市政债预警体系。

（二）理顺中央与地方财政关系

一是通过增加地方税收，而不是高度依赖转移支付来满足地方需要。如果征税能力受到限制，地方政府只能依赖中央政府的转移支付和贷款，当不利的经济冲击导致财政危机发生时，地方政府可能因为缺乏增税的灵活性而无法支付必要支出，甚至可能拖欠债务。在依赖转移制度的情况下，地方政府可以依靠中央政府化解危机，因此依赖于转移支付的政府往往缺乏责任激励[1]。从中长期来看，应理顺中央和地方关系，

---

[1] 财政部预算司课题组：《地方政府预算约束的硬化》，载《经济研究参考》，2009（43）。

明确财权事权划分，增加地方政府在获得收入方面的自主权，增加地方税收，代替依赖转移支付，稳定其偿债能力。但税收和收费都应纳入预算管理，必须经过全国人大或者是地方人大批准以后才能收。

二是提高转移制度的透明度及可测性。转移支付和税收返还要制度化，透明化，尽量减少讨价还价的成分，减少"跑步钱进"，也降低地方政府财力的不确定性。中央政府必须制定严格的转移支付资金分配和税收分享规则来硬化预算约束，否则，中央灵活的转移支付将使得拒绝进行紧急援助的可信度大大降低。只有政府间转移支付不易受到人为规则和标准约束，地方政府官员才不会预期可轻易获得中央紧急援助。

三是减少上级政府要求下级政府增加支出责任而不同时予以相应的财力支持（unfunded mandates）的做法。历史上，地方出现财政困难时，往往以"中央（上级）请客，要我买单"为理由，迫使中央救助。如果中央规定了地方政府必须提供的最低公共服务标准，而地方政府无法提供相应的公共服务时，中央政府可能不得不对其提供救济。为了硬化地方政府预算约束，中央应该给予地方充分的自治权。

（三）发挥地方人大的监督作用

从国际经验看，英国、美国、加拿大、澳大利亚、新西兰等都充分发挥了地方立法机关对地方政府预算的监督作用，包括预算编制监督、审批监督、执行监督等。以美国为例，各个州议会在约束地方政府预算方面的能力和强度是不同的。在预算编制方面，有的地方，例如得克萨斯州的政府预算开支由议会下属的预算局制定纲要，由财政委员会准备预算草案，立法机构的主导权较大；有的地方，例如威斯康辛州则由地方政府制定预算计划，立法机构在此环节中发挥的作用较小。但在预算审批、执行监督方面，立法机构均发挥了重要作用。

结合我国的实际情况，地方人民代表大会可主要发挥预算审议、执行监督的作用。要切实贯彻和加强宪法和法律中规定的人民代表大会的预算审议职能，进而有步骤地把各级人大转化成主要对税收、拨款、各种津贴以及财政再分配的预算实施实质性审议的公开论坛，也就是实施"财税民主"。将"预算审议监督"作为各级人大的工作重点，并为此改革其活动方式和成员构成。人大不但要有对预算的审议权，还需要有修改预算的权力。另外，在预算执行过程中，人大应对支出部门使用预算资金进行日常监督以及对预算执行过程中出现的特殊情况进行监督，及时纠正政府支出部门的错误，防止行政裁量权在预算执行过程中的滥用。通过建立健全完整的预算制度，把国企改革、社会福利制度与政府治理机制的完善有机结合起来，为新一轮财税改革的顺利进行提供制度基础。

（四）发挥金融市场的约束机制

建立一个以市政债市场为基础的，有自我约束（风险控制）机制的地方政府债务融资体制，充分发挥评级、定价等市场机制的激励约束作用。发挥市场机制作用，消除隐性担保，打破刚性兑付，完善地方政府债务重组机制。在实际运行中，应该允许若干基本没有系统性风险的中小规模的市政债违约事件发生，以建立中央承诺不担保的可信度，从而打消债券市场对"隐性担保"的预期，使得地方债市场的定价能准确地反映这些地方的债务风险。另外，银行也可以发挥信贷渠道的约束作用，地方财政的不佳表现可能导致借款成本高和借款渠道受限。

（五）建立地方政府债务重组制度

建立良好的债务重组机制，可以约束债务人和债权人，指导谈判并促成集体行动。在这个过程中应注意处理好保护债权人权利与维持公共服务之间的矛盾；明确重组规则；破产后果由地方政府和债权人共同承担[1]。处理地方政府破产重组的方式一般有司法手段和行政手段

---

[1] 财政部预算司课题组：《地方政府举债的破产机制》，载《经济研究参考》，2009（43）。

两种。司法手段由起诉引起，由法院负责制定关键决策指导重组过程，成本较高且持续的时间比较长。行政手段一般由上级政府提前干预，以防止地方财政困境恶化。我国可采取司法手段和行政手段混合的框架，当地方政府出现财政困境时先采用行政手段进行干预，如果财政困境恶化为破产，则引入司法手段。

对不能偿还到期债务（债务违约）的城市实行市场化的债务重组制度，可由立法机关出台专门的地方政府债务重组程序，通过上级法院的司法程序，确定地方政府债务重组的条件、内容和法律后果，使债务违约的城市真正承担违约的后果。一旦地方政府出现违约，上级政府可以根据法律规定的透明程序，介入协调债权人与地方财政的谈判，帮助达成债务重组的协议（比如本息延期支付，本金减值和减免利息等），在保证继续提供基本公共服务的前提下，全面重组地方政府[1]，并使导致违约的地方官员承担责任。

在具体的程序上，首先需要界定破产的具体指标，不同国家的财政责任法对偿债率设置了上限，超过上限被认为濒临破产。申请破产者的资格要求也因国家而异，例如美国只允许市政府申请破产，条件是无偿债能力、已经努力或尝试制定处理其债务的方案，以及获得州对于申请破产的授权。在制定解决方案阶段，地方政府通过破产方案解决所有债务人的债务，而不需要和每个债权人进行一对一的谈判，即实施集体执行。之后，地方政府应进行财政调整，以恢复财政可持续性，在这个过程中，上级政府可以发挥较大的作用。在债务重组或免除阶段，可以使用行政手段或司法手段。行政手段主要用于重组债务，例如，上级政府将地方债务重组为期限更长的债务工具；司法手段主要用于免除债务。

---

[1] 马骏：《市政债制度硬化地方政府预算约束研究》，工作论文，2014。

附件一

主体税种"五五开"的分省测算结果

一、保持地方财力稳定有利于激发地方政府积极性

在现有财税体制安排下,"营改增"后,地方政府总税收将减少约1.2万亿元,中央地方税收比例由"五五开"变为"六四开",地方政府财力将被大幅削弱,不利于发挥地方政府积极性。十八届三中全会通过的《关于全面深化改革若干重大问题的决定》明确指出:"保持现有中央和地方财力格局总体稳定,结合税制改革,考虑税种属性,进一步理顺中央和地方收入划分。"保持地方财力稳定具有十分重要的意义。首先,地方政府事权行使和财力密切相关。在缺乏财力保障的情况下,地方政府难以履行相应的事权,易导致地方政府消极履职。其次,地方经济发展往往与地方财力及增长密切相关。地方经济发展快,地方财力及其增长就快,这样能充分调动地方政府发展经济的积极性。如果地方税收分成比例太低,对地方政府的激励作用就不明显。此外,若辅以相关配套措施,如规范中央地方事权、财权、支出责任关系;允许地方政府在养老和医疗保障、新型城镇化、地方税收立法及征管等属于地方事权的领域进行探索创新,并开展适度竞争,将更有助于形成良好的正向激励机制,更好地激发地方政府积极性,更有力地推动地方经济发展及改革创新。

二、提高地方分税比例的方案设计

(一) 宜提高地方分税比例

"营改增"完成后，维持地方政府财力基本不变的分税比例方案有两个：方案一，增值税中央地方"五五开"，其他税种划分比例不变；方案二，增值税、所得税中央地方"五五开"，其他税种划分比例不变。经测算，方案一将使中央地方税收比例调整为 0.53:0.47，地方财力略有下降；若采取方案二，将使中央地方税收比例调整为 0.48:0.52，地方财力略有上升。我们倾向于选择方案二，主要考虑是，在简政放权、鼓励地方更有作为的大背景下，随着中央地方事权关系的调整和完善，地方政府将承担更多的事权，略提高地方政府财力有助于更好地调动地方政府积极性。

同时，采用这一方案后，可考虑逐步降低并最终取消中央对地方的税收返还，从而建立更为明晰规范的中央地方财税关系。税收返还是我国税收制度中的特殊安排，主要是为了弥补地方政府由于1994年分税制财税管理体制改革和2002年所得税收入分享改革导致的税收减少，是当时采取的一种带有妥协性质的制度安排。在调整中央地方税收分配比例后，地方财力有所提高，中央地方财税关系更为清晰，可借此机会，按现代财政理念，进一步厘清不适当的中央地方财税安排，逐步降低并最终取消税收返还。

(二) 分省测算情况

在上述基础上，我们对各省（直辖市、自治区）、计划单列市2015年至2018年的公共预算收支情况进行了预测。假设2015年各地预算内收入增速与2014年一致，2016年至2018年增值税增速与GDP增速保持一致，为7%，其他税收增速、其他预算内增速均比2014年增速下降2%，预算内支出增速与GDP保持一致，也为7%；同时假设2015年中央税收返还维持2014年水平，2016年税收返还为2014年的70%，2017年下降至40%，2018年取消税收返还。经测算，2015~2018年各地公共预算赤字总额可维持在一个合理水平，公共预算收支差额为赤字的省区数量也可基本维持在2014年水平。"五五开"方案以及逐步降低并最终取消税收返还不会对现有地方政府财税格局产生显著负面影响。

（三）征收方式

有观点认为，分享税主要由中央征收，地方政府难以事前估算税收收入并加强征管，可能不利于发挥地方政府积极性。我们认为，随着财税体制改革的推进，可进一步完善各项税收的征收方式，采用"税基分享模式"。即共享税由中央和地方对同一税基各自课征，税率可以由中央统一确定，国税局和地税局分别负责征管中央和地方享有的税收（各自50%）。

三、相关配套措施

一是明晰中央地方事权划分，并赋予地方相应的财税职能。逐步理顺中央与地方事权划分，直接面向基层、量大面广、由地方管理更方便有效的经济社会管理事项，应通过制订下放清单的方式，下放地方和基层管理，尤其是应逐步加强地方政府在公共服务、市场监管、社会管理、环境保护等方面的职能。同时，赋予地方与事权相匹配的地方税收立法及征管职能，包括建立和完善新的地方税种。

二是完善分税制，实现"一级政府，一级预算，各级预算相对独立，自求平衡"。各地预算赤字可通过发行市政债、逐步引入房地产税等方式弥补。同时，应消除隐性担保，打破刚性兑付，硬化地方政府预算约束，完善地方政府债务市场化重组机制。通过立法，明确宣示中央政府对市政债等地方政府债务的偿还不承担责任。允许部分地方政府出现债务违约事件，打消债券市场对"隐性担保"的预期，使地方债市场的定价能准确地反映这些地方的债务风险。制定专门立法，通过司法程序对部分地方政府的违约债务进行重组。

三是进一步简政放权，鼓励地方政府适度竞争。实践表明，地方政府间竞争对我国三十多年来经济快速发展和市场经济制度完善起到了巨大的推动作用。地方政府间良性竞争也是大型发达国家的成功经验。实现公共服务均等化还需要很长的时间，不能过于理想化，要承认各地客观存在的现实差异，允许地方政府因地制宜采取措施。以养老、医疗制度改革为例，可继续维持养老、医疗制度地方支出的格局，鼓励地方在适当条件下探索不同的改革路径，创新不同的管理方式，通过地方间适度竞争，寻找最优制度组合，优化趋同。中央根据统一大市场的效率和公平原则，为地方的改革创新制订一定的指导性框架，并推动完善地方间的协调政策。

四是完善中央对地方政府的考核机制。明确界定了地方事权并赋予了相应的财力后，在考核地方政府时，中央就不能简单地以国内生产总值增长率作为考核目标，而是应该丰富考核要素，量化考核标准，重点考核地方政府事权的履行情况，对其决策和管理行为所产生的绩效按不同权重进行综合评估。在此过程中，应尽量避免地方政府官员更换过于频繁，从而保证财政规划和各项改革的可持续性，避免政府行为短期化。

五是允许城市政府直接举债。为了进一步鼓励地方政府、尤其是城市政府更好地履行事权，发挥积极性，可按照"一级政府、一级财权、一级事权、一级举债权"的原则，允许城市政府直接发行市政债，避免代发债。对地方政府债务的管理也应从规模控制逐步过渡到市场化的自我约束机制。地方政府必须对地方人大、公众和资本市场公开详细的财政收支、资产负债表、偿债能力指标的信息。

第二章 完善中央地方财政关系

附表　不同分享比例的中央地方税收分成情景模拟（2015年）

单位：亿元

情景	税收 中央	税收 地方	税收 比例	增值税 中央	增值税 地方	增值税 比例	营业税 中央	营业税 地方	营业税 比例	企业所得税 中央	企业所得税 地方	企业所得税 比例	个人所得税 中央	个人所得税 地方	个人所得税 比例
情景一：营改增过程中	68273	64505	0.51:0.49	24867	10366	0.7:0.3	75	18265	0:1	20291	9819	0.7:0.3	5019	3346	0.6:0.4
情景二："营改增"后，增值税七三开	80567	52212	0.6:0.4	37235	16337	0.7:0.3	0	0	—	20291	9819	0.7:0.3	5019	3346	0.6:0.4
情景三："营改增"后，增值税五五开	70118	62661	0.53:0.47	26786	26786	05:0.5	0	0	—	20291	9819	0.7:0.3	5019	3346	0.6:0.4
情景四："营改增"后，增值税、所得税五五开	64045	68733	0.48:0.52	26786	26786	0.5:0.5	0	0	—	15055	15055	0.5:0.5	4183	4183	0.5:0.5

情景一：基准情形，即"营改增"未完全完成，各项税收划分比例维持现状。
情景二："营改增"全部完成，但各项税收划分维持现状。
情景三："营改增"全部完成，增值税中央地方"五五开"，其他税收划分比例维持现状。
情景四："营改增"全部完成，增值税、所得税中央地方"五五开"，其他税收划分维持现状。

注：1. 此处税收为全口径计算的政府税收，包括增值税、营业税、企业所得税、个人所得税、消费税、关税、资源税、城市维护建设税、房产税、印花税、城镇土地使用税、土地增值税、车船税、车辆购置税、烟叶税、耕地占用税、契税等。
2. 假设每个省的各项税收保持与2014年同样的增速。
3. 基础数据来源中国人民银行国库局。

附件二

我国制造业重复建设和产能过剩原因分析

三十多年来,"以经济建设为中心"成为各级政府新的任务,也激活了地方政府发展经济的积极性。地方的实验和相互竞争对推进中国发展和改革发挥了重要作用,但由于部分体制机制方面的缺陷,也产生了制造业重复建设、产能过剩等问题。改革初期,因我国经济体量相对较小、外部市场相对较大、各类产业基础也较为薄弱,重复建设问题尚不明显。但是随着我国跃居为世界第二大经济体,产业结构也面临转型升级的情况下,各地重复建设带来的产能过剩和资源浪费等问题愈发突出。据统计,2013年第一季度工业企业产能利用率只有78.2%,同比回落1.6个百分点,环比回落1.9个百分点,为2009年第四季度以来的最低点[①]。究其缘由,主要是原有的部分体制机制妨碍了市场机制作用的发挥。

(一)预算软约束的地方政府充当投资主体或干预投资行为,项目大干快上造成了重复建设。地方政府(包括地方国企)充当投资主体或以廉价土地等方式干预投资行为有几个问题:第一,地方政府目标多元化,往往不以商业可持续为主要目标;第二,决策机制激励不相容,相关决策人员不承担投资失败的后果;第三,地方政府和地方国企预算软约束,投资规模容易超过市场合理水平;第四,地方官员行

---

① 数据来源:张前荣:《产能过剩严重程度与核心问题在哪里》,载《上海证券报》,2013-07-26。

为短期化,"新官不理旧账";第五,地方投资项目容易成为部分地方官员寻租和利益输送的工具。这些问题导致地方投资常常不以市场需求和商业可持续为导向,片面追求大项目、热项目,加上地方保护主义和投资领域狭窄,容易导致制造业重复建设。

(二) 地方保护主义妨碍了商品、服务和要素的自由流动,人为分割的市场在一定程度上保护了重复建设。市场经济是一个竞争型经济,只要维护一个统一的大市场和公平的竞争环境,过剩产能就会得到调整而不会成为经济发展的严重问题。但是,各种地方保护主义阻碍了全国统一大市场的形成,造成不同地区的企业无法在统一市场上公平竞争,也使商品、服务和生产要素无法以合理的价格在全国流动。在人为分割的市场中,各地同质的产业或企业因竞争不充分,无法通过市场手段实现优胜劣汰,甚至还出现一些达不到环保、能耗、安全等标准的企业以不公平的方式参加市场竞争。结果是在行业产能过剩的情况下,优质企业无法整合资源、做大做强,而产业空白的地方还在提出进入,造成资源浪费。尽管我国从20世纪90年代开始就采取一系列措施对地方保护行为进行整治,包括国务院颁布了《中华人民共和国反不正当竞争法》和《中华人民共和国反垄断法》,但是地方保护主义仍以各种形式存在,尚未根治。一方面是地方的产业关乎当地经济发展、社会就业稳定甚至地方财政收入,政府在行使区域市场管理职能时通常会偏向本地企业(尤其是本地国有企业);另一方面,地方司法隶属于地方管理,为庇护地方保护主义创造了条件,法治手段对地方保护主义的规制作用非常有限。

(三) 垄断行业和服务业存在有形和无形的进入门槛,地方国企和民营企业投资领域狭小加剧了重复建设。在国民经济发展的很多基础性行业,如电力、电信、铁路、民航、石油等领域,依然被少数企业所垄断。尽管鼓励非公经济发展的36条和新36条相继出台,阻碍其他企业进入上述垄断行业的部分门槛取消,但是注册制度、市场准入、审核批准等方面的有形和无形限制仍然存在，进入垄断行业依然存在弹簧门和玻璃门。同时，在众多的服务业领域，例如教育、文化、医疗、金融等，各种准入限制、价格管制等措施普遍存在，造成地方资本和民营资本或者无法进入，或者无利可图。各种行业管制的存在，使地方资本和民营资本只能选择相对狭小的领域进行投资（主要是制造业），这无疑加剧了重复建设，也影响了效率。

（四）产业政策以制造业为导向，长期不重视服务业，在外向型经济的发展过程中积累了大量产能。长期以来，我国对服务业的发展重视不足，包括教育、文化、医疗、金融在内的大服务业都存在进入限制和价格管制。我国2012年服务业增加值占GDP的比重为44.6%，而世界主要国家和地区都在60%以上，个别国家甚至达到80%。产业结构不合理的另一面，是以制造业为导向的产业政策，一些地方政府通过廉价供地、资源配置、税收减免、财政补贴、信贷扶持等方式招商引资，鼓励制造业发展，使得中国在进入WTO后的十年中迅速积累了大量的制造业产能。在经济高增长带来的需求拉动背景下，不少制造业企业只重视低端产品领域的重复建设而忽视研发创新。随着外需疲软、劳动成本提高和国际贸易新规则形成，国际市场竞争日趋激烈，出口企业面临外部市场的不确定性在不断加大，而国内市场显然无法弥补外需萎缩后的缺口，未来产能过剩问题将愈发明显。

地方分享增值税与重复建设没有必然联系。从欧盟的经验看，增值税划归欧盟成员国没有造成各国之间的重复建设，欧盟优质的汽车企业集中在德国，作为航空公司的联合企业只有空中客车；欧盟成员国各自征收服务业增值税，也并没有造成各国服务业的重复建设。究其原因，一方面，欧盟各国一般不是投资主体，不做投资决策；另一方面，欧盟是一个统一大市场，产品、服务和要素市场的竞争是充分的。同时，欧盟各国不存在投资领域狭窄的问题，也不存在制造业导向的产业政策，各路资本不必集中在狭窄的、有限的行业中恶性竞争。

参考文献

[1] 财政部预算司课题组：《地方政府预算约束的硬化》，载《经济研究参考》，2009（43）。

[2] 财政部预算司课题组：《地方政府举债的破产机制》，载《经济研究参考》，2009（43）。

[3] 冯兴元：《中央和地方财政关系的症结与应变》，载《人民论坛》，2010（20）。

[4] 高培勇：《财税体制改革应继续领跑全面改革》，载《中国中小企业》，2013（1）。

[5] 贾康、梁季：《中央地方财力分配关系的体制逻辑与表象辨析》，载《财政研究》，2011（1）。

[6] 李波：《深化经济体制改革重点领域一揽子方案建议》，北京，中国经济出版社，2014。

[7] 李波、魏加宁、周诚君：《完善中央地方财政关系的一个思路》，工作论文，2013。

[8] 李波、单漫与：《中国应该转向直接税体系吗?》，工作论文，2012。

[9] 李丹：《地方预算监督法律机制研究》，博士学位论文，2012。

[10] 李青、韩立辉：《地方债务管理模式的选择——理论框架、国际比较及启示》，载《中国行政管理》，2013。

[11] 马骏：《市政债制度硬化地方政府预算约束研究》，工作论文，2014。

[12] 邱启东：《出口退税政策对中国出口及经济增长影响之实证研究》，博士毕业论文，2009。

[13] 吴晓灵：《明确中央和地方的支出责任》，中国人大，2010 -

11-25。

[14] 许成刚:《中国经济改革的制度基础》,载《世界经济文汇,2009 (4)。

[15] 许善达:《宏观税负与财税改革》,载《金融发展评论》,2011 (2)。

[16] 许善达:《营业税改增值税,现行分税制不可持续》,工作论文,2013。

[17] 张曙霄、戴永安:《异质性、财政分权与城市经济增长》,载《金融研究》,2012 (1)。

[18] 朱军:《单一制国家财政联邦制的"中央—地方"财政关系》,载《财经研究》,2012 (6)。

[19] Kjellberg E.. *The changing values of local government*. The annals of the American Academy of Political and Social Science, 1995.

第四章
养老保障体制改革的方案建议

白重恩　何平　周诚君

摘要

  我国养老保障制度应推动实现三个转变,从受益基准制转向供款基准制,从现收现付制转向预筹积累制,从名义个人账户转向做实个人账户。围绕上述目标,我们提出了具体方案建议,包括逐步降低第一支柱基本养老金总体缴费率,降低统筹比例,提高个人账户比重;做实个人账户,划拨部分国有资产补充养老基金;统账分离,统筹账户由政府管理,个人账户由指定商业机构管理;利用资本市场,实现养老基金的保值增值;提高养老金的可携带性;推动养老保障第二、第三支柱发展;发挥好中央和地方两个积极性等。

一、改革目标

近十年来，我国的养老保障体系建设已经取得较快的进步，居民养老保障体系得以建立并快速提高了覆盖率，初步形成职工基本养老保障加居民养老保障的基本架构。但同时，庞大的养老金缺口可能对未来的财政可持续构成严峻挑战；养老制度跨地区衔接不畅，可携带性不充分；职工养老保障制度设计不合理，激励不相容，执行随意化；养老保障第二支柱和第三支柱发育迟缓，社会心理过度依赖基础养老金等。从当前养老保障体系发展形势及存在的问题来看，较大力度的改革已不可避免。我们认为，下一步应按照"财务可持续、激励要相容、积累可携带、公平补前端、信心利消费"的目标改革和完善我国的养老保障制度，推动实现三个转变：从受益基准制（on benefit basis）转向供款基准制（on contribution basis），从现收现付制（pay as you go）转向预筹积累制（fully funded），从名义个人账户（nominal personal account）转向做实个人账户（real personal account）。

按照上述目标，我们提出了养老保障体制改革的具体方案建议，包括逐步降低第一支柱基本养老金总体缴费率，降低统筹比例，提高个人账户比重；做实个人账户，划拨部分国有资产补充养老基金；统账分离，统筹账户由政府管理，个人账户由指定商业机构管理；利用资本市场，实现养老基金的保值增值；提高养老金的可携带性；推动养老保障第二支柱、第三支柱发展；发挥好中央和地方两个积极性。

二、逐步降低第一支柱基本养老金总体缴费率，降低统筹比例，提高个人账户比重

（一）降低第一支柱基本养老金总体缴费率

目前企业20%加个人8%的缴费率使得企业负担过重，逐步降低第一支柱基本养老金的缴费率，一方面可降低企业负担，另一方面也为第二支柱和第三支柱的发展留下空间。建议初期将总体缴费率从28%降到24%，未来可进一步降低总体缴费率至20%，最终过渡到16%的缴费率，实现第一支柱30%左右的替代率。

我们分别对20%的缴费率、40%的替代率和16%的缴费率、30%的替代率条件下第一支柱养老金在"十三五"期间的收支财务情况做了估算。缺口测算公式为

$$A_t = L_{et_0}(1+r_e)^2 W_{t_0}(1+r_w)^2 r_p - L_{rt_0}(1+r_r)^t W_{t_0}(1+r_w)^2 r_s \quad (1)$$

公式（1）中A_t表示当年的养老金缺口，L_{et_0}为基期参加养老保险的职工数，即正在缴费的人数，r_e为其预期的增长率；W_{t_0}为职工工资水平，r_w为预期的工资增长率；r_p为第一支柱养老金的缴费率；L_{rt_0}为基期领取养老保险金的人数，r_r为其预期增长率；r_s为第一支柱养老金的替代率。

这里测算的基本原理是以当年养老保险金的总缴费与总支付的差额表示养老金缺口，若为正表示有盈余，若为负则表示有缺口，由于未来的缴费人口、领取养老金的人口，以及工资增长率等都是未知的数据，但这些数据短期内应该是平滑的，因此这里采取的办法是以2013年为基期，以2013年的增长率为各变量的增长率，进行外推的静态预测，在短期内这种预测的误差比较小，若要进行长期预测，则需要更准确的人口、工资等的动态预测数据。

2013年城镇职工参加养老保险人数为24177.3万人，比上年增长5.8%；领取养老保险金的离退休人员8041.0万人，比上年增长7.8%；2013年城镇单位从业人员平均工资为51483元，比上年增长约10%。根据这些条件，分别对20%的缴费率、40%的替代率和16%的缴费率、30%的替代率条件下第一支柱养老金在"十三五"期间的收支财务情况做一下估算，估算结果见表1：

表1　　　　"十三五"期间中国第一支柱养老金缺口预测

单位：亿元

	2016年	2017年	2018年	2019年	2020年
缴费率20%、替代率40%的缺口	14140.59	15904.61	17854.99	20003.17	22358.96
缴费率16%、替代率30%的缺口	12567.47	14211.87	16048.68	18095.10	20368.54

根据测算结果，从"十三五"期间，养老金缴费率和替代率按照20%、40%和16%、30%两种方案看，还都有盈余，但随着中国老龄化问题的加剧，若第一支柱的缴费率和替代率维持在1:2左右，根据马骏等（2012）对中国人口结构的预测，到2028年左右中国工作年龄段的人口数量与退休年龄段的人口数量的比将降至2:1，这时养老保险的收支将是平衡点，之后将会出现亏空，而且逐年扩大。不过这一测算方法是以当前的退休年龄为准的，随着以后我国退休年龄的延迟，这一问题将会得到缓解。

（二）降低统筹比例，提高个人账户比重

激励相容性是评价养老保险制度优劣的一个基本标准，所谓"激励相容"，实际上是对个人自利行为的利用、激励和发挥，如果参保人的逐利行为与整个保障制度的目标存在冲突，则制度的激励相容性就存在问题，应尽快予以纠正。在目前的养老保障制度中，28%的缴费率中有20%进入统筹账户，8%进入个人账户，统筹账户占比过高扭曲

了投保人行为，影响了养老保障制度的运行。最突出的表现是，如果养老金按照 GDP 和社会平均工资增长进行调整，客观上将产生一定的负激励，鼓励提前退休和降低缴费年限，影响制度的财务可持续性。

从理论上讲，按照激励相容的目标，个人账户越大越好，统筹账户越小越好。在极端情况下，完全取消统筹账户，实现 100% 的个人账户等于建立了一个完全激励型的账户制度。但是社会保障的另一个作用是实现社会共济，因此有必要保留一定比例的统筹账户。建议，个人账户从 8% 增加到 12%，统筹账户从 20% 降到 12%；未来进一步降低总体缴费率至 20% 时，个人账户 12%，统筹账户 8%；最终过渡到 16% 的缴费率，个人账户 12%，统筹账户 4%。

三、做实个人账户，划拨部分国有资产补充养老基金

虽然做实个人账户和名义个人账户方案都在一定程度上体现了激励原则，但管理方式的差异可能导致截然不同的结果。名义个人账户采取完全记账方式，影响居民对养老金积累的直观感受，加上限制了投资的选择范围以及可能影响政府财政纪律，总体上会影响居民对养老保障体制的信心，进而在鼓励消费方面明显逊于做实个人账户方案。逐步做实个人账户意味着养老保障体制从现在以现收现付为主的体制向预筹积累制转变，将很好地体现正向激励；同时，做实个人账户将使产权更为清晰，赋予居民对养老金账户投资更大的选择权，有利于提高养老保障体制的财务可持续性，增强居民对社会保障体制的主人翁意识和长期信心，进而有利于扩大消费。这与"十三五"规划中"完善职工养老保险个人账户制度，健全多缴多得激励机制"的思路是相吻合的。

同时，"十三五"规划明确"逐步提高国有资本收益上缴公共财政比例，划转部分国有资本充实社保基金"。由于历史原因，目前养老金

个人账户存在较大的资金缺口，部分国有资本充实社保基金，利用资本市场实现养老基金的保值增值，可以弥补养老金缺口，同时有利于盘活国有资本，提振消费信心。仅就全国国资委系统监管企业拥有的国有资本及权益来看，2013年末达到22.9万亿元，如果把其他国有资本及权益合并计算，该金额会进一步增加。可以预见的是，50%国有资本划转后，社保基金资产能够进一步增长。

为保证国有资本能可持续地支持养老金体系的运行，社保基金只使用所持股份每年分派的红利（股息），而不变现这些股票并花掉变现所得。国有股份和收益的划拨首先要用来保证养老待遇的支付。在保支付的前提下，剩余的资金用于做实个人账户。具体而言，可分期逐步划拨50%的国有资本充实社保基金，50%国有资本划转后，可大体做实个人账户。

四、统账分离，统筹账户由政府管理，个人账户由指定商业机构管理

摒弃现有的"统账结合"故有思路和制度模式，实现统筹账户和个人账户的完全分离。其中，统筹账户发挥基本养老保障的共济功能和政府责任。统筹账户应打破城乡、户籍和区域藩篱，逐步实现并轨，面向全体公民。政府负责统筹账户资金的收缴、发放、托管、投资等。个人账户做实后，个人可以在多家具有专业资质的市场化的养老金管理机构中选择，而且对其养老金的投资方向拥有一定的选择权。政府的职责是负责监管养老金管理机构而不是直接参与运营。政府可对个人账户的投资配置作出大致的比例限制，例如对低风险投资产品（如国债）和海外投资产品的配置比例作出合理的规定，以控制投资风险。通过各地自行设立或选择各自的养老金管理机构，并向居民提供相对简单但又有一定选择性的服务产品，如在风险方面的偏好或者在投资

方面的偏好给予居民一定选择，既有利于促进养老金管理机构的竞争，又有利于实现产权清晰、自负盈亏，加强居民对养老基金积累的直观感受。

五、利用资本市场，实现养老基金的保值增值

从国际经验来看，养老基金与资本市场有天然联系，两者的发展相辅相成。养老基金具有长期性、稳定性和规模性等特征，能够为资本市场发展和体制完善注入持久驱动力，成为资本市场发展稳定的基石。同时，养老基金的发展也离不开资本市场环境的支持，其保值增值与资本市场基础设施不断完善、金融产品不断创新、监管制度不断优化等方面联系密切。十几年来，我国金融市场不断发展，新的金融产品不断出现，为养老基金保值增值提供了更多的投资渠道选择。

在具体实践中，养老基金的管理方式应该是多元化的。养老金管理机构可以面向不同风险种类和级别的投资市场，包括债券市场、股票市场，甚至包括私募股权市场。随着未来我国资本项目可兑换进程的推进，个人账户中的一部分比例资本还可以配置到海外，以分享全球经济增长成果。初期，可以先选择几个省进行试点。

六、提高养老金的可携带性

（一）现行制度下养老金转移存在的问题

随着我国市场经济改革的深化，我国劳动力流动性不断提高。在此背景下，2009年国务院出台了《城镇企业职工基本养老保险关系转移接续暂行办法》（以下简称《办法》）。《办法》规定，我国城镇职工在不同统筹地区转移时，统筹账户以本人各年度实际缴费工资为基数，

按基数12%的总和转移,并且必须转移基本养老关系、个人档案以及个人账户的基金。《办法》部分解决了统筹基金的转移问题,一定程度上有利于保障劳动者权益。自《办法》实施以来,办理养老保险关系跨省转续的人数也逐年增长。然而,《办法》仍然存在着一定的缺陷,使养老保险的转移接续在实际操作中遇到较大的阻力。

一方面,现行制度下城镇职工跨统筹地区转移时地方政府应承担的养老责任划分不尽合理,导致了"福利移民"的倾向。当前,大部分地区的单位上缴至统筹基金的养老保险费率为工资基数的20%,少部分地区低于20%。在城镇职工跨地区转移时,《办法》规定留存8%用于保证转出地当期基本养老金的支付,其余12%划转到转入地,从长期来看,这种"一刀切"的做法并不合理。对于转出地而言,劳动力的流出缓解了转出地未来的养老支付压力,而8%的留存能部分缓解当期统筹基金的支付压力,但12%资金的转移仍然会加剧当期统筹基金缺口问题;对于转入地而言,现行制度下个人统筹部分的退休待遇和最终养老保险参保地(而非当初的缴费地)的经济水平挂钩,因此可能会促使劳动力向经济水平高的地区转移,形成所谓的"福利移民"。这些"福利移民"缴的少得的多,本身已形成转入地的支付缺口,而《办法》规定只能转移12%的资金则会更加加大转入地政府未来的养老负担,其长期支付的压力会随着转入人口的增加而增大。总体来看,尽管当前《办法》的实施看似统筹账户实现了"可携带",但其实并没有合理划分各地方政府应承担的养老责任,所以出现了部分地方政府对落实《办法》持谨慎态度,对城镇职工跨地区转移(尤其是转入)设置各种条件,妨碍了劳动力的自由流动。

另一方面,由于大部分地区个人账户没有做实,个人账户转移也存在困难。大部分地区个人账户实行的是名义记账方式,即养老金的支付根据个人账户的名义积累来计算。这使居民无法对名义账户的积累进行投资决策,个人账户的基金转移也常常面临障碍。我国在20世纪90年代开展了一系列养老保障体制改革，职工养老金统筹账户一开始就存在缺口，该缺口的负担问题却一直没有解决。随着退休人群的逐年增长，地方政府支付统筹账户退休金的压力越来越大，就开始挪用个人账户的资金来弥补缺口，造成了个人账户的"空账"。在劳动力流动的时候，个人账户的空账问题会使基金的转移无法及时到位，增加了个人账户转移的难度和成本。

（二）我国养老金可携带性的方案设计

从国际经验来看，欧盟"工作地缴费，分段计算；退休地发放，全盟结算"的模式有效地应对了不同国家不同养老保障政策给劳动力自由流动带来的挑战，为我国下一步协调各地养老金政策差异提供了借鉴。美国401（K）账户由个人决定是否转移以及智利允许个人自由选择养老金管理公司的经验可以成为我国养老个人账户可携带性设计的参考。

1. 增强统筹账户的可携带性

统筹账户可实行"分段负责，归集发放"。在地方统筹的条件下，可以通过适当的制度安排，有效协调地方间的养老责任分担，增强统筹账户的可携带性（见表2）。具体地，可以实行统筹账户"工作地缴费，分段负责，退休地发放，归集发放"的方案。个人跨统筹地区就业的，其基本养老保险关系随本人转移，缴费年限累计计算。个人达到法定退休年龄时，基本养老金分段负责、归集发放。该方案的具体设计需要合理、规范地计算地方养老统筹账户中各段政府的权利义务划分，确定各缴费地的工资指数，根据流动劳动力在各统筹区的缴费年限，确定最终的支出比例并计算总的养老保险金。"分段负责"的办法可以作为一个过渡性方案解决现行制度遗留问题。在此制度下，劳动力转移时只转移养老保险关系而不需要转移养老保险统筹基金，在劳动力退休后，将各地分担的养老金定期归集发放，这样对现有利益格局调整较小，有利于平衡地区间利益，并且有助于解决"福利移民"的问题，制度推行阻力也相对较小。同时，现有的金融账户和归集技术已使"归集发放"变得很容易，也很方便。

表2　　　　　　　　统筹账户转移接续模式设计

模式	特点	优点	缺点	典型案例
统筹账户基金部分转移	将其统筹账户中积累的养老基金按一定比例转移至新地区	部分缓解转入地当期统筹资金来源	转出地有部分即期支付压力；存在"福利移民"倾向；加剧转入地长期支付压力	中国
统筹账户基金不转移（分段负责，归集发放）	统筹账户基金留在各工作地，退休后定期归集发放	有利于平衡地区间利益；清晰划分各地养老权责	对账户和信息管理平台要求较高	欧盟

具体地说，可以在现有养老金计发办法基础上，通过以下方法分段计算加总参保人每月可以领取的基础养老金数额。假设参保人在1，2，3，…，N等地分别参加时间为T_1，T_2，T_3，…，T_N年的养老保险。首先加总所有参保时间$T = T_1 + T_2 + T_3 + \cdots + T_N$，若$T$累计满15年，则：

$$每月可领基础养老金 = \sum_{i=1}^{N} (i地应负担的基础养老金)$$

其中：

i地应负担的基础养老金 = T_i × （上年度i地在岗职工月平均工资 + 在i地本人指数化月平均工资）÷2×1%

本人指数化月平均工资 = 上年度i地在岗职工月平均工资 × 在i地本人缴费工资平均指数

$$在i地本人缴费工资平均指数 = \left(\frac{X_{1i}}{C_{0i}} + \frac{X_{2i}}{C_{1i}} + \cdots + \frac{X_{n_i}}{C_{(T-1)i}}\right) \div T_i$$

其中，X_{n_i}表示第n年在i地本人缴费工资的基数，C_{n_i}表示第n年i地在岗职工月平均工资。

比如劳动者分别在上海、江苏和北京缴费7年、3年和10年，则上海、江苏和北京应分别负担按7年、3年和10年计算的在各自统筹水平下的养老金计发责任。如果三个地方统筹水平大致相当，则三地分担的养老金支付责任分别大致相当于该劳动者总养老金的35%、15%和50%。

在实现基础养老金全国统筹之前，上述办法可以基本解决劳动力跨地区流动时养老统筹账户的可携带性问题，有利于劳动力的自由流动。

2. 个人账户转移性问题

建议将个人账户的制度设计交由地方政府（省级），中央政府可以出台一个指导文件，提出基本的要求和大致框架。由于个人账户存在着产权清晰的特征，在个人账户做实的前提下，本身具有较好的可携带性。

现阶段，存在三种个人账户转移接续的模式设计（见表3）。

第一种模式规定个人账户不可转移。这是指在流动人口转移时不允许将其在原缴费地所缴个人账户中的基金转移，而是在参保人员退休后按照各地个人账户数额统一归集发放。这种模式的优点在于，对于经济相对落后的劳动力输出省份可以缓解在劳动力转移时资本的即刻转移对地方经济形成的冲击。同时，基于现代银行账户管理和归集技术的运用，此种模式避免了账户和资金转移的成本，管理成本相对较低。但是该模式的缺点在于其在一定程度上降低了各地竞争优化养老金管理的动机。

第二种模式规定个人账户必须转移。该模式规定在流动人口转移的同时必须将其个人账户中积累的养老基金全部转移至新地区。这就是我国现有的养老保障个人账户转移接续方式。这种模式的优点在于能够保证个人账户的完整性，便于参保人投资管理。但是该模式的缺点在于，劳动力的转移与资金的转移将对净移出的地方政府产生人口和资金双重转移的经济冲击，容易产生阻碍个人账户转移的动机。

第三种模式允许选择个人账户是否转移。该模式规定参保人在不同地区转移时，可以将个人账户所有基金一并转移至新地区，也可以选择将个人账户基金留在原地区。这种模式的优点在于一是可以鼓励地区间竞争，地方政府将围绕吸引个人账户基金制定更加惠民的个人账户基金管理政策、提供更优质的服务和产品、更有效率地运营个人账户基金。二是该模式在保证个人账户完整性的基础上操作和管理也不存在困难，通过联网的信息平台可以对账户进行管理和查询，电子化的资金归集技术可以即时转移个人账户的基金，降低了管理成本。该方案对信息管理平台的要求较高。

我们认为，为了鼓励地区间的良性竞争，优化趋同，应采取第三种模式。流动人口在比较各地方个人账户管理制度以及基金运营的收益及成本后，可以自行选择在其跨地区转移时是否将个人账户转移。

表3　　　　　　　　个人账户转移的接续模式设计

模式	特点	优点	缺点	典型案例
个人账户不可转移	个人账户留在各参保地，退休后归集	缓解对经济相对落后的劳动力输出省份经济冲击；管理成本低	降低了各地竞争优化个人账户基金管理的动机	欧盟
个人账户必须转移	必须将其个人账户中积累的养老基金全部转移至新地区	保证个人账户的完整性，便于参保人投资管理	对净移出的地方政府产生人口和资金双重转移的经济冲击，容易产生阻碍个人账户转移的动机	中国
允许选择个人账户是否转移	由参保人自行选择是否将个人账户一并转移	鼓励地方间良性竞争；保证个人账户的完整性	对信息管理平台的要求较高	美国401（K）

七、推动养老保障第二支柱、第三支柱发展

(一) 企业年金计划基本情况

截至 2013 年,企业年金基金累计结存 6035 亿元,同比增长 25.18%,增长率出现下降。企业年金基金规模的增长来自三个方面:一是参加企业年金职工人数的增长;二是参加企业年金职工工资(费基)的提高;三是企业年金基金投资收益的增加。从参加企业年金人数上看,2012 年建立企业年金的企业数和参加企业年金的职工人数分别为 5.47 万家和 1847 万人,2013 年,这两个数据分别达到 6.61 万家和 2056 万人,增长幅度分别为 20.84% 和 11.32%;参加企业年金的职工工资(费基)增长为 12.46%;2013 年企业年金基金投资的加权平均收益率为 3.67%,低于 2012 年 5.68% 的加权平均收益率。可见,参保职工人数增长和职工工资(费基)增长对企业年金规模的增长贡献度基本相同(见图1)。

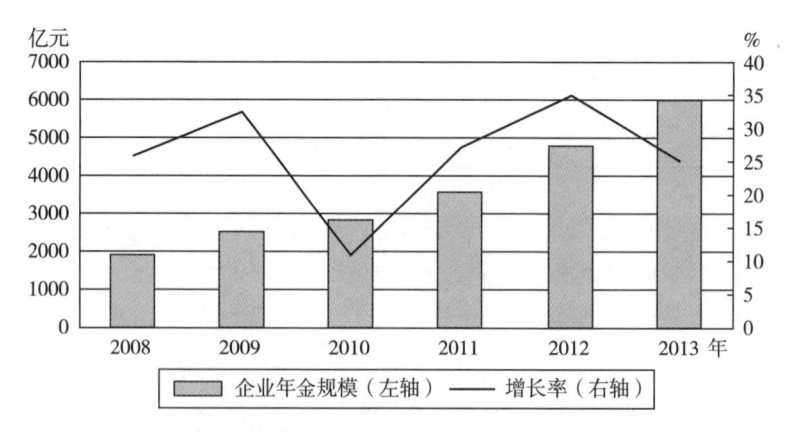

数据来源:人力资源和社会保障部。

图 1 2008～2013 年企业年金基金规模增长情况

（二）第二支柱、第三支柱管理方式

在政府强制性基本养老保障（第一支柱）的基础上，加快引导企业发展年金计划（第二支柱），积极鼓励和引导个人参加资源型养老储蓄计划（第三支柱），满足不同的养老保障需求，以减少对第一支柱的依赖和压力。为促进第二支柱和第三支柱的发展，可以根据收入水平给予企业年金计划和自愿型养老储蓄计划一定的税收优惠。短期内实现第二支柱30%左右的替代水平，在中长期逐步实现40%左右的替代率。

关于第二支柱的投资管理，应实现完全市场化的投资机制，可委托私人部门开展投资，进行债券、股票、基金、私募股权、房地产、外汇、另类投资等投资组合，并允许一定比例的海外投资。第二支柱注重自我积累、自我保障，兼顾安全性和成长性。第三支柱主要包括个人延税养老保险和商业养老保险，其中个人延税养老保险采取税收递延的方式，资金来自税前收入，参与金额来自劳动收入，每年参与金额有额度限制，对于高收入人群应限制其参与个人延税养老保险。商业养老保险资金来自税后收入，对其投资收益应予以免税。第三支柱的投资管理采用托管模式，主要托管机构包括商业银行、证券公司、寿险公司及基金公司，个人可将资金投向托管机构允许购买的任何金融产品，包括基金、股票、寿险公司年金产品等。

八、发挥好中央和地方两个积极性

目前，对养老保障体制改革的思路还存在较大争议。因此，关于养老保障体制改革，建议鼓励地方在适当条件下探索不同的改革路径，创新不同的管理方式，通过地方间适度竞争，寻找最优制度组合，优化趋同。

（一）不急于实现全国统筹

有部分观点认为，当前我国统筹账户转移出现的资金转移分配不平衡，以及劳动力"福利移民"问题，本质上是由于统筹层次低所导致。然而欧盟的经验证明，只要制度安排得当，可以在地方统筹的条件下有效协调地方间的养老责任分担，增强统筹账户的可携带性。因此，对基础养老金并不急于实现全国统筹。

（二）中央政府的主要职责

中央政府的主要职责是根据信息复杂性和激励相容的原则，为地方的改革创新提供一定的框架和原则，引导地区间良性竞争，建立和完善地区间的协调政策。一是要统筹平衡劳动力流动对各地方经济可能产生的影响。在促进各地政府竞争优化，提高养老保障基金运营效率的同时，中央政府对经济相对落后的劳动力输出省份应提供一定的政策性支持来达到相对的统筹平衡，尤其是对流动人口选择转移个人账户的经济落后省份，应提供适当支持，以免出现"穷省越穷、富省越富"的马太效应。二是要制定宏观的政策框架，确定统筹账户分段计算的具体公式和监督落实。同时规定个人账户运营机构的产品风险区间，对其进行有效风险控制，以确保养老基金在基本保险功能下的收益优化。三是要发展资本市场，推进资本项目可兑换，促进参保人的收益最大化。通过养老基金与资本市场相互促进，有利于资本市场长期健康发展，也有利于个人账户资金有机会获得较高回报。同时，加快推进人民币资本项目可兑换，有利于养老金个人账户投资的全球资产配置，也有利于参保人风险分散和收益的最大化。四是要建立全国统一的信息系统，便利居民管理个人账户基金，增强居民信心，同时促进地区间良性竞争。完备的养老保障信息化网络是增强居民对养老保障体制信心和促进地区间良性竞争的基础。在我国流动群体逐渐增多、工作岗位变化日趋频繁的背景下，劳动者养老保险关系的变动、接续和管理工作量也越来越大。因此，需要建立健全全国联网的社会保障信息系统，具体包括：健全全国统一的人力资源和社会保障电子政务工程，实现劳动力"一人一个号"，从而实现全国社会养老保险信息共享，便于确认流动劳动力在各地养老金缴费年限和缴费基数，从而便于统筹账户在最终结算时计算各地应负担的部分；加快各省、地市接入全国统一的人力资源和社会保障电子政务系统的步伐，便利居民养老金个人账户的管理，增强其对养老保障体制的信心；加强专业化的经办人员和信息化专业团队的管理和培训，规范各地信息系统中信息表数据和格式的校验和输入，统一操作规程，提高地区间各项数据的可比性，也便利居民对自身养老账户的查询和管理；在全国统一系统中需要针对个人账户建立信息查询功能，便利劳动力确认个人账户的余额和基金运作情况，从而进行有效的管理和投资。五是完善纠纷解决机制，维护居民权益。我国已初步建立养老保险争议的非诉讼解决机制，但是在具体制度设计上存在诸多的弊端和不足，实践中还未形成功能互补、程序衔接的规范化、体系化的争议解决机制。应从调解、仲裁、行政复议等方面予以完善。核心是保障仲裁、行政复议机构等的独立性、专业性，给予当事人充分的选择自由。同时，要做好非诉讼解决机制与诉讼救济方式间的衔接，既要避免非诉讼解决机制限制当事人行使诉权，也要避免形成讼累，浪费司法和行政资源。诉讼是权益救济的最后防线。养老保险争议具有特殊性，我国目前没有专门的社会保险争议诉讼制度，而是将争议通过民事和行政程序分割处理。从争议产生的基础来看，养老保险争议与劳动争议、行政争议各不相同。沿用现有的纠纷分割处理模式，会使参保人的权利得不到充分的保护，设立专门的争议解决机制是法治进步的必然要求。在我国尚不具备构建社会保险争议统一诉讼程序现实可行性的条件下，结合我国现有司法资源，可考虑在法院内部设立社会保险法庭，适用现有的"行政附带民事诉讼"程序,解决包括养老保险在内的社会保险纠纷。

(三)地方政府的主要职责

由于各地人口结构、经济发展水平和方式的不同,养老保障体系呈现不同的特征。2013年,全国城镇职工基本养老保险制度赡养率为33.26%,在各省份中,黑龙江城镇职工基本养老保险制度赡养率高达65.98%,广东省最低,为11.2%(见图2)。2013年,全国城乡居民基本保险领取待遇人数占参保人数的比例为28.39%,其中,天津市比

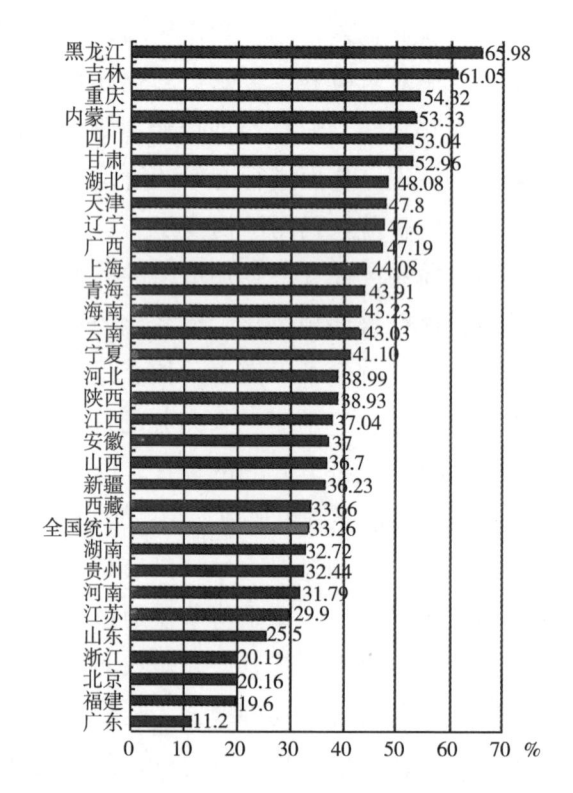

省份	赡养率(%)
黑龙江	65.98
吉林	61.05
重庆	54.32
内蒙古	53.33
四川	53.04
甘肃	52.96
湖北	48.08
天津	47.8
辽宁	47.6
广西	47.19
上海	44.08
青海	43.91
海南	43.23
云南	43.03
宁夏	41.10
河北	38.99
陕西	38.93
江西	37.04
安徽	37
山西	36.7
新疆	36.23
西藏	33.66
全国统计	33.26
湖南	32.72
贵州	32.44
河南	31.79
江苏	29.9
山东	25.5
浙江	20.19
北京	20.16
福建	19.6
广东	11.2

数据来源:数据来源于人力资源和社会保障部,引自《中国养老金发展报告2014》。

图2 2013年城镇职工基本养老保险制度赡养率

例最高,达到74.31%,西藏比例最低为7.41%(见图3)。各地基本情况的巨大差异,决定了不可能采取"全国'一刀切'"的改革方案,地方政府的职责是在中央统一的指导原则下,因地制宜,针对当前或区域突出问题,通过改革创新寻找最佳方案。

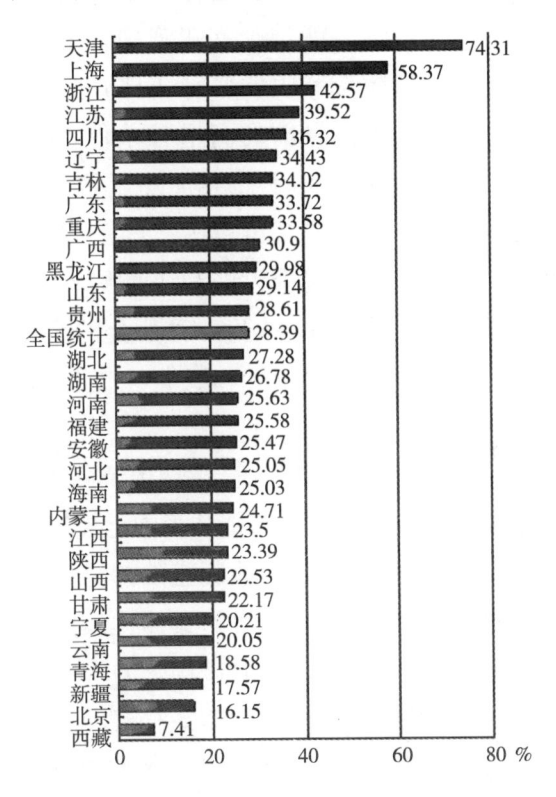

地区	比例(%)
天津	74.31
上海	58.37
浙江	42.57
江苏	39.52
四川	36.32
辽宁	34.43
吉林	34.02
广东	33.72
重庆	33.58
广西	30.9
黑龙江	29.98
山东	29.14
贵州	28.61
全国统计	28.39
湖北	27.28
湖南	26.78
河南	25.63
福建	25.58
安徽	25.47
河北	25.05
海南	25.03
内蒙古	24.71
江西	23.5
陕西	23.39
山西	22.53
甘肃	22.17
宁夏	20.21
云南	20.05
青海	18.58
新疆	17.57
北京	16.15
西藏	7.41

数据来源:数据来源于人力资源和社会保障部,引自《中国养老金发展报告2014》。

图3 2013年城乡居民基本养老保险领取人数占参保人数的比例

九、可能存在的争议

近期,部分学者提出了基本养老保障可采取"名义账户制加社会养老金"的方案。即一方面合并现有统筹账户与个人账户，但不做实个人账户，另一方面建立社会养老金制度。其实质是，将供款基准制的待遇发放与现收现付的筹资机制相结合，用投资收益率作为个人账户的记账利率，参保人可在退休后按该记账利率累积后的金额领取养老金。换句话说，就是个人账户中没有真实资金，仅是对个人缴费进行记账，把缴费和收益都计入账户，作为未来发放的依据。其主要理由是，在中国目前的高增长条件下，实账上的个人账户基金投资几乎不可能取得高于社会平均工资增幅的投资收益，甚至连CPI都跑不赢，个人账户基金越大，福利损失就越大。而选择名义账户制，不仅会缓解做实个人账户下的财政补贴压力，个人权益清晰、可携带性强，同样有利于实现基金的全国统筹。同时，建立社会养老金制度，由财政每年转移支付，支付给居民部分基本养老金。

与我们提出的"做实个人账户加适当缩小统筹账户"方案相比较，"名义账户加社会养老金"的方案并不能从根本上缓解人口老龄化背景下养老基金缺口对财政的压力，也不能真正发挥增强居民信心、提振消费并促进经济发展的作用。两种方案的具体比较如下：从基金收益率来看，做实的个人账户可以通过采取市场化的管理方式，实现与资本市场的良性互动，实现平均的市场收益率；而目前名义个人账户估算的8%的投资回报率是理论上的推算结果，并且是基于前几十年工资增长率比较高的前提下进行的，而未来我国经济发展情况和工资增长率能否继续保持快速增长还是个未知数，不排除出现收支不平衡的情况。从对财政的压力来看，做实个人账户的财政压力体现在初期，初期需通过划拨国有资产等方式补充个人账户；名义个人账户对财政的压力体现在后期，特别是在人口老龄化的大背景下，财政将面临越来越大的支付压力。从账户的可携带性来看，做实的个人账户产权明晰，金额确定，账户的可携带性高于名义个人账户。从操作难易程度来看，名义账户精算平衡所需参数涉及人口的总量和结构的变化、就业人口变化、经济发展和工资水平变化等诸多因素，因此收支情况面临很大的不确定性，增加了精算平衡的难度。另外由于名义账户模式下，账户并不存在实际资金积累，而只是纯粹的账面记录，增加了实际操作过程中人为操作失误、篡改等问题。而做实的个人账户操作相对简单，不存在精算平衡的问题，也不可能篡改。从全国各地平衡角度来看，由于名义账户模式需要根据整体收支情况来确定累积利率，并设立自动平衡机制，这实际上忽略了各地在养老保障体系运行中的不同收支状况。如果按照全国统一的参数来设置名义账户模式，容易导致各地执行的效果不同，会出现一个地方明显的资金盈余，另一个地方则承受赤字压力的情况。做实的个人账户则不存在这方面的问题。从居民的直观感受和信心水平来看，做实的个人账户给予居民很高的确定性，能有效提高居民对养老保障体制的信心，进而鼓励个人消费。而名义账户对于居民个人而言，存在较大的不确定性，并不能有效提高居民信心。综上所述，尽快做实个人账户最有利于从根本上解决当前养老保障体制面临的问题。

参考文献

[1] 李波：《深化经济体制改革重点领域一揽子方案建议》，北京，中国经济出版社，2014。

[2] 人力资源和社会保障部：《中国养老金发展报告2014》，北京，经济管理出版社，2015。

[3] 王作宝：《养老保险与公共财政领域的代际负担——四种测量模型》，载《经济与管理》，2014（1）。

[4] 杨斌、丁建定：《从城乡分立到城乡统筹：中国养老保险制度结构体系发展研究》，载《社会保障研究》，2014（1）。

［5］郑功成：《中国养老保险制度的风险在哪里?》，载《中国金融》，2010（17）。

［6］郑功成：《中国养老保险制度的未来发展》，载《中国劳动保障》，2003（3）。

第五章
医疗保障体制改革的三种思路比较

何平 李波

摘要

  医疗保障体制改革是当前我国全面深化改革的一个重要方面，它既涉及民生问题，又涉及国家财政在中长期的可持续问题，还关系到这一重要的服务行业能否获得长足发展，创造大量就业并促进经济增长。十八届三中全会决定明确指出，要"统筹推进医疗保障、医疗服务、公共卫生、药品供应、监管体制综合改革"。当前，我国医疗保障体制面临重大挑战，应借鉴国际成功经验，充分发挥金融特别是健康保险在医疗保障体制改革中的重要作用，做好制度设计，允许地方探索创新，推动医疗保障体制改革取得更大进展。

一、我国医疗保障体制现状分析

我国目前采取政府主导型的医疗服务和保障体系，在过去医疗卫生事业相对落后、医疗卫生需求不太高的情况下，对维护人民的生命健康发挥了重要作用。但随着我国市场经济的推进和综合国力的增强，现有体制存在的缺陷也日益显现。

（一）医疗卫生费用进入快速增长阶段

随着我国加快进入老龄化社会和城乡居民对医疗卫生服务需求的不断提高，医疗卫生费用的增长速度可能会远远超过GDP及政府财力的增长，医疗卫生业供需缺口越来越大，"看病难"、"看病贵"问题尚未得到根本性解决。

改革开放以来，随着经济快速发展，以大力推进政府主导的城乡居民医疗保险制度为重点，我国的医疗保障水平不断提升，卫生总费用[1]也不断上涨。1978年，我国卫生总费用为110.21亿元[2]，占GDP比重为3.02%，人均卫生费用为11.5元；2012年卫生总费用达到2.78万亿元，占GDP比重上升至5.36%，人均卫生费用为2056.6元。

鉴于我国医疗保障已基本实现全覆盖，保障水平正在逐步提高，而且我国的老龄化速度较快，预计我国医疗费用在未来一段时间将高速增长。医疗卫生需求的增长对于医疗市场的发展具有积极的推动的作用，有利于拉动居民消费，调整经济结构。为了维持适度医疗保障

---

[1] 卫生总费用指一个国家或地区在一定时期内，为开展卫生服务活动从全社会筹集的卫生资源的货币总额，反映一定条件下，政府、社会和居民个人对卫生保健的重视程度和费用负担水平。其中，政府卫生支出指各级政府用于医疗卫生服务、医疗保障补助、卫生和医疗保障行政管理、人口与计划生育事务性支出等各项事业的经费。

[2] 数据来源：《中国卫生和计划生育统计年鉴》(2013)。

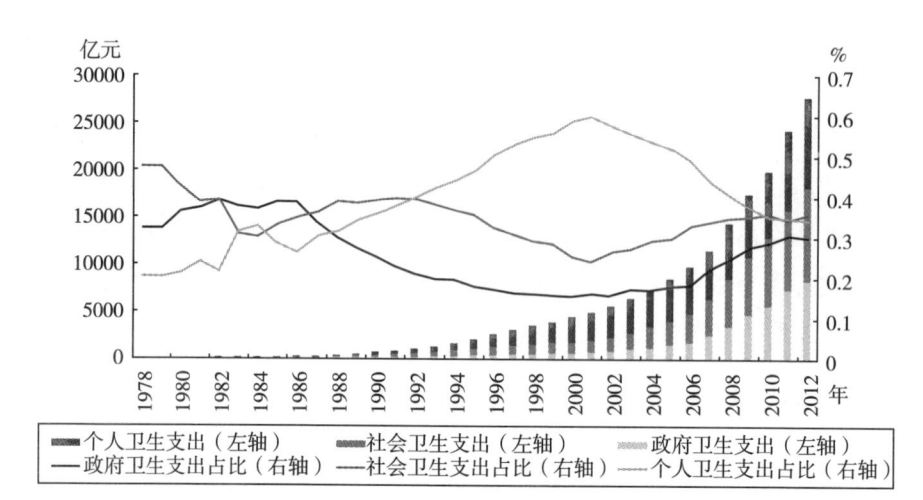

图1 我国卫生总费用及构成①

水平，也将需要更多的财力投入，这对财政的可持续性可能构成严峻的挑战。近几年，城镇居民基本医疗保险、职工基本医疗保险、新型农村合作医疗各基金收支情况如表1、表2②所示，基金收入、支出规模均不断上升，但支出规模增速超过收入增速。2008年到2011年，城镇居民和职工基本医疗保险支出增长119%，收入增长92%；2008年到2012年，新型农村合作医疗支出增长264%，收入增长216%。一个相对保守的估计是，2050年我国财政负担的医疗卫生费用占GDP和财政支出的比例将分别达到3.0%和13.1%，在当前政府公共财政支出事项不变、中央地方财权事权分配格局不变的情况下，政府医疗卫生支出将成为养老金缺口之后的第二大国家财政风险的来源③。

---

① 数据来源：《中国卫生和计划生育统计年鉴》(2013)。
② 数据来源：《中国卫生和计划生育统计年鉴》(2013)。
③ 马骏、朱铭来、肖明智、宋占军：《中国卫生总费用及对财政压力的估算》，载《中国国家资产负债表研究》，北京，中国社会科学文献出版社，2012。

表1　　　　　　　城镇居民和职工基本医疗保险情况

年份	参保人数（万人）				城镇职工基本医保收支（亿元）		
	合计	城镇居民基本医保	城镇职工基本医保	在岗职工	退休人员	基金收入	基金支出	累计结存
2005			13738	10022	3761	6969.0	5401.0	6066.0
2008	31822	11826	19996	14988	5008	2885.5	2019.7	3303.6
2009	40147	18210	21937	16411	5527	3671.9	2797.4	4275.9
2010	43263	19526	23735	17791	5944	3955.4	3271.6	4741.2
2011	47343	22116	25227	18948	6279	5539.2	4431.4	61800
2012	53589	27122	26467	—	—	—	—	—

(注：表头"城镇职工基本医保收支"下含基金收入、基金支出、累计结存三列)

表2　　　　　　　新型农村合作医疗情况

年份	开展新农合县（市、区）（个）	参加新农合人数（亿人）	参合率（%）	人均筹资（元）	当年基金支出（亿元）	补偿受益人次（亿人次）
2005	678	1.79	75.66	42.10	61.75	1.22
2008	2729	8.15	91.53	96.30	662.31	5.58
2009	2716	8.33	94.19	113.36	922.92	7.59
2010	2678	8.36	96.00	156.57	1187.84	10.87
2011	2637	8.32	97.48	246.21	1710.19	13.15
2012	2566	8.05	98.26	308.5	2408.00	17.45

（二）医疗卫生投入方式不够科学

从卫生经费结构（见图1）上看，从1980年至2000年20年间，政府和社会卫生支出占总卫生费用比例均不断下降，最低分别降至15.5%和25.6%，个人卫生支出占总卫生费用的比例不断上升，最高上升至60%；2000年至2011年，政府和社会卫生支出占总卫生费用比例呈现上升态势，个人卫生支出占比不断下降，2012年，政府、社会、个人承担的卫生费用支出占比分别为30%、35.6%、34.4%。政府卫生支出在政府公共财政支出中的占比自2007年以来呈现较快的上涨趋势，2012年达到6.62%（见图2）。

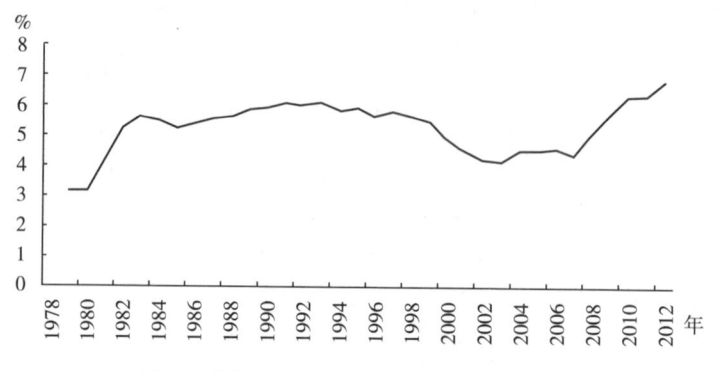

图2　政府卫生支出在政府支出中的占比①

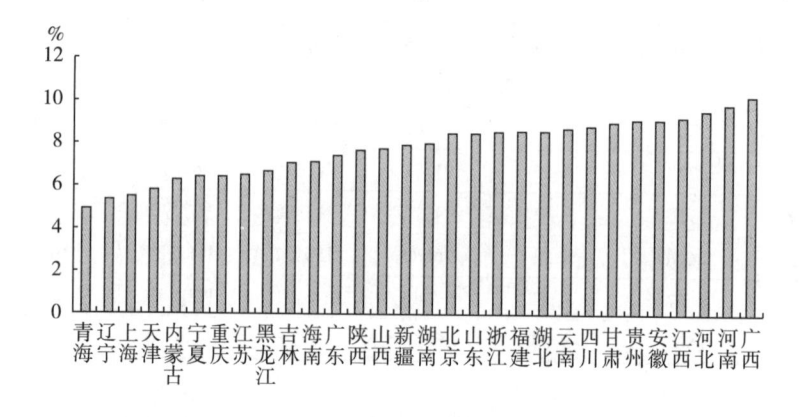

图3　各省政府卫生支出在当地政府支出中的占比

同时，医疗卫生资源在配置过程中行政化力量大，效率较低，缺乏市场化的激励约束机制。从政府卫生支出来看，政府卫生支出包括医疗卫生服务支出、医疗保障支出、行政管理事务支出、人口与计划生育事务支出，1990年，上述四项支出占比分别为65.6%、23.7%、2.4%、8.3%；2012年，四项支出占比变为40.6%、46.3%、3.4%、

---

① 本部分数据均来源于《中国卫生和计划生育统计年鉴》（2013年）和笔者测算。

9.7%，政府在医疗保障方面的财政压力越来越大。2012年，政府医疗卫生服务支出直接用于补贴公立医院的金额达到2703亿元，对非公立医院的财政补贴仅有11亿元；公立医院财政补贴收入占总收入的比重为14.65%，非公立医院财政补贴收入占总收入的比重不到1%。另外，政府、社会投入的医疗资源向城市、大医院集合，城乡医疗资源分布不均衡现象日益突出。每千农业人口拥有的乡村医生和卫生员数量由1980年的1.79人下降至2012年的1.25人，农村居民拥有的医疗资源匮乏，医疗费用压力大①。从1990年到2012年，城镇居民医疗保健支出占消费性支出的比例从2%上升至6.4%；而同期农村居民医疗保健支出从5.1%上升至8.7%。

（三）政府对医疗行业和市场的管制过多

政府对医疗行业和市场的管理仍然没有摆脱传统计划思维，习惯于行政管制和干预，导致了比较普遍的医疗服务价格扭曲和行为扭曲，滋生了道德风险和腐败问题；由于准入限制和价格扭曲，医疗服务市场严重供不应求；医疗人才大规模培养和短缺并存，仅有约三分之一的医科大学毕业生愿意当医生，剩余三分之二则选择医药代表等收入较高且工作性质相对轻松的职业。

在处理好医疗体制中政府与市场的关系方面存在两难，目前方向不清晰，医生和医疗服务的供给远远赶不上市场需求，对医疗服务也未形成有效的激励约束机制，医患信息不对称、过度医疗等问题比较突出，医患矛盾较为严重，人民群众抱怨较多。

（四）医疗保障机构不能发挥应有的作用

近几年，我国医疗保障结构发生较大变化。国家卫生服务调查结

---

① 数据来源：《中国卫生和计划生育统计年鉴》（2013年）。

果如表3①所示。2008年，我国68.7%的居民参加新型农村合作医疗，12.7%的居民参加城镇职工基本医保，3.8%的居民参加城镇居民基本医保，1%居民享受公费医疗，还有12.9%的居民无社会化医疗保险。

虽然目前医疗保险制度覆盖面较大，但仍然面临较多问题。例如医保经办机构并没有发挥市场分层、成本控制、监督医院和医生、帮助解决医患信息不对称等作用。主要原因在于医保经办机构更多代表政府行使管理医疗保险的职能，行政色彩比较浓，缺乏专业人才和激励，受到较多的体制机制约束。而健康保险公司由于业务范围非常有限也难以发挥第三方购买者的功能。因此，我国医疗保障体制虽然实现了"量"上的覆盖面广，但由于具体制度设计的不完善，缺乏"质"的飞跃，居民整体医疗保障水平较低。

表3　1998年、2003年、2008年调查地区居民医疗保障制度构成

单位：%

保障形式	合计	城市 小计	大	中	小	农村 小计	一类	二类	三类	四类
1998年										
公费医疗	4.9	16	21.7	16.4	9.2	1.2	1.1	0.8	2	0.5
劳保医疗	6.2	22.9	50.6	28.4	9.4	0.8	1.5	0.5	0.2	0
半劳保医疗	1.6	6.8	8.6	6.2	2.4	0.2	0.6	0.1	0.1	0.1
医疗保险	1.9	5.5	0.8	8.1	2.1	1.4	2.5	1.6	1.2	0.1
统筹医疗	0.4	1.4	2.8	1.1	0.1	0	0.1	0	0	0
合作医疗	6.6	2.7	0.1	0.1	8	6.6	20.8	5.8	1.6	1.8
自费医疗	76.4	44.1	54.5	58.8	60	87.5	75.4	92.5	94.8	81.6
其他形式	5	5.7	1.5	1.1	8.8	2.8	0.4	0.9	0.2	16.2

---

① 国家卫生服务调查采取多阶段多层次整群随机抽样法。1998年抽取了95个样本县/市（28个城市、67个县）的56994户共21.6万人；2003年抽取了95个样本县/市（28个城市、67个县）的5.7户共21万人；1998年抽取了94个样本县/市（28个城市、66个县）的5.6万户共18万人。三次调查均按照城市、农村分类。城市按人口规模分为三类地区，大城市（100万人口以上）、中城市和小城市（30万人口以下）；农村根据社会经济多个指标分为四类地区：一类农村（富裕县）、二类农村（小康县）、三类农村（温饱县）和四类农村（贫困县）。

续表

保障形式	合计	城市				农村				
		小计	大	中	小	小计	一类	二类	三类	四类
2003年										
城镇基本医疗保险	8.9	50.4	57.6	41.1	15.2	1.6	1.9	1.5	1.6	1.2
大病医疗保险	0.6	1.8	5.6	0.6	0.8	0.1	0.4	0.1	0.1	0
公费医疗	1.2	4	6.7	5.9	1.1	0.2	0.4	0.2	0.2	0.1
劳保医疗	1.5	4.6	6	6	5.8	0.1	0.2	0	0.1	0
合作医疗	8.8	6.6	0.1	0	19.6	9.8	19.6	6.1	0.7	24.5
其他社会医疗保险	1.4	2.2	5.7	1	1.6	1.2	2.9	0.6	0.8	0.5
商业医疗保险	7.6	6.6	4.8	7.5	6	8.5	8.9	10.9	7.9	5.2
无医疗保险	70.5	44.8	58.6	41.2	88	79	67.8	80.7	88.6	70.8
2008年										
城镇基本医疗保险	12.7	44.2	60	65.5	18.8	1.6	5.5	0.9	1.5	0.6
公费医疗	1	5	4.5	2.7	1.8	0.5	0.5	0.5	0.5	0.1
城镇居民基本医保	3.8	12.8	8.2	16.4	15.9	0.7	2	0.2	0.8	0.2
新型农村合作医疗	68.7	9.6	0.8	1.5	26.2	89.7	86.4	90.8	88.8	96
其他社会医疗保险	1	2.8	5.8	2.6	1.9	0.4	0	0.5	0	0.1
无社会医疗保险	12.9	28.1	22.9	25.8	57.6	7.6	8.1	7.6	8.8	5.2

二、医疗保障制度的国际比较

纵览各国医疗保障体制，目前主要有四种基本制度模式，即国家医疗保障模式、社会医疗保险模式、商业医疗保险模式、储蓄医疗保障模式。多数国家的医疗保障体制都是这四种模式中部分模式的不同组合。各种模式的资金来源、待遇水平、保障项目、享受条件、政府责任都不相同（见表4）。

表 4　　　　　　　　四种医疗保障制度模式的比较①

项目	国家医疗保障模式	社会医疗保险模式	商业医疗保险模式	储蓄医疗保障模式
资金来源	税收	雇主、雇员共同缴费，政府适当补贴。缴费多少与参保人年龄、性别、健康状况等无关，与参保人收入有关	投保人个人，或者雇员和雇主共同缴纳，或者完全由雇主缴纳。缴费多少与参保人年龄、性别、健康状况等有关，与投保人收入多少无关	雇主和雇员缴纳，缴费多少与参保人年龄和收入有关，与参保人健康状况无关
待遇水平	保障的医疗服务水平较高	根据保险缴费水平确定	根据保险产品的需求确定	个人自主选择
保障项目	疾病治疗、预防、保健、护理康复等服务项目	疾病治疗，部分国家也包括预防、保健、护理和康复等服务项目，疾病和生育津贴	疾病治疗费用的补偿	疾病治疗、预防、保健、护理康复等服务项目
享受条件	全体国民或特定人群	按时足额缴纳保费	按时足额缴纳保费	公积金会员
政府责任	承担完全责任	承担部分责任	承担监督责任	承担基金保值增值责任
代表国家（主导模式）	英国、加拿大	德国、日本	美国	新加坡、印度

美国医疗保障制度由政府主导的社会医疗保险和商业保险组成，其中参加政府主导的公共医疗保险计划的人口占到46%，政府委托民间机构双蓝协会（BlueCross BlueShield Association）经办社会医疗保险计划；私营保险覆盖35%的人口；不足20%的人口自己支付医疗费用②。有观点认为，作为一个大国，美国通过商业性保险公司实现医疗

---

① 表格中部分内容参考乌日图：《医疗保障制度国际比较及政策选择》，博士论文，2003。
② 中国医疗保险研究会：《完善中国特色医疗保障体系研究报告》，2013年。

服务过程监督和医疗成本控制，较好地解决了医患信息不对称和医患矛盾，同时解决了医疗保障的资金来源，并通过商业性保险机制实现了对先进医疗和医药技术的强大支付能力，推动了技术进步，使美国拥有全世界最先进的医疗和医药技术，并在过去几十年一直处于技术前沿。同时，也有观点认为，商业保险的成本过高，导致数百万美国人没有任何医疗保障，据世界银行统计，2006年美国医疗支出占GDP比重为15.3%，人均医疗支出达到6719美元。相比之下，其他高收入国家同期的这两组数据均值分别为11.2%和3998美元，如英国、加拿大、法国、德国和日本医疗支出占GDP的比重分别为8.2%、10%、11%、10.6%和8.1%，人均医疗支出分别为3332美元、3917美元、3937美元、3718美元和2759美元[①]。高昂的医疗费用正是2010年奥巴马政府推动医疗改革的重要原因。

另一个大国德国的医疗保险分为法定医疗保险与私人医疗保险，其中法定医疗保险覆盖90%的人口，法定医疗保险资金由全国的近千个疾病基金会管理。根据德国法律，医疗保险基金实现自主经营、自我管理和自负盈亏，基金会作为社会组织，与代表医生利益的医师协会以及各种公立、私立、民营医疗机构签订服务协议，向参加保险的人员提供医疗、预防保健等服务。1993年以前，德国并没有禁止保险机构竞争的法律，但是许多原因限制了竞争，例如以行业、地域为基础建立互助保险组织、在政府扶持下存在垄断性保险机构束缚参保人选择等。1993年德国颁布《卫生服务结构法案》，要求所有疾病基金向所有的参保人开放，鼓励新的保险机构加入竞争，允许参保人转换保险机构等，这些措施促进了保险机构之间的竞争。

---

① 中华人民共和国国家统计局：《国际统计数据2009》。

三、我国医疗保障体制改革的三种思路

（一）方案一：由商业健康保险公司提供包括基本医保在内的各种健康保险产品

1. 试点由商业健康保险机构提供基本医疗服务

从其他国家经验来看，基本医疗保障也可以由商业健康保险机构提供，不一定将商业健康保险只定位于提供"非基本"医疗服务，应鼓励商业健康保险机构提供多层次的医疗保险产品，包括基本医疗保险，初期可允许部分地区试点。同时，从实践来看，经常存在难以区分"基本"和"非基本"医保的情形，应该允许商业性保险公司提供多样化、多层次的健康保险产品，满足各类和各层次人群的健康保险需求。允许地方政府试点以健康保险公司为主体的新型医疗保障体制，允许试点城市制定包括政府投入比例、保险公司的产品设计和分层、不同医疗保障制度整合、放松医疗价格管制等在内的详细方案。在试点阶段，中央政府可给予地方一定的财政补贴和政策支持，激发地方政府积极性，探索以健康保险公司为主体的医疗保障体制改革方案。在这种方案下，医疗保险的风险分担性质并没有变化，政府的基本职能也没有改变，商业健康保险的运营应该符合当地社会保险的基本政策。政府应该确保每一个目标人群都被保险机构接受，同时对医疗保险机构的审慎经营及市场行为进行监督管理。

2. 健康保险行业对构建合理的医疗保障体制以及提高全社会福利具有非常积极的作用

医疗保险的本质是使个人因生病导致财物损失的概率和风险分散到整个社会，实现个人和社会效用的最大化，这也就是所谓的"大数定理"的作用。健康保险行业对构建合理的医疗保障体制以及提高全

社会福利具有非常积极的作用。

一是能有效解决医疗保障资金来源和财政负担问题。当前，财政在医疗卫生方面的负担越来越重，特别是我国即将跨入老龄化社会，财政现收现付的模式难以持续。大力发展健康保险，可以筹集大量资金，提高资金使用效率，医疗保障资金在劳动者的整个生命周期内也可进行适当再分配，而不是现收现付模式下单纯的代际分配。商业性健康保险既可以引导居民作出更科学合理的医疗财务规划，也可腾出财政力量用于低收入家庭的基本医疗保障，提高财政资金的使用效率。

二是可解决医患信息不对称和医患矛盾问题，提高医疗保障资金的使用效率。医患矛盾产生的根源是医疗市场的信息不对称，市场调控失灵。商业性健康（医疗）保险公司的引入，可有效解决信息不对称问题。医疗保险公司往往具备掌握各方面医疗专业知识的人才，具有较强的谈判能力，可以对就医选择、药物选择、治疗过程等实施有效控制和约束，有助于解决信息不对称问题，避免过度医疗消费，保障患者的权益，同时有利于降低医疗成本。充分发挥医疗保险机构的第三方购买者功能，探索适合中国国情的支付方式改革。在按服务付费制度下，当医疗服务的价格过低，而药品与检查等收费过高时，"开大处方"等行为就无法避免。应加强保险机构的购买者功能，探索合理的支付制度，如按人头付费制、按病种付费等，从而激励医疗机构选择成本效益比较好的技术手段。

例如，健康维护组织（HMO）是美国常见的医疗保险形式之一，HMO 计划通常按患者人数向医疗机构支付固定费用，换取医疗机构的某些免费服务以及相对低廉的收费服务，从而与医疗机构分担财务风险，这种包干式的安排也能防止医疗机构为患者提供不必要的服务，患者每次就诊通常只需承担几美元到几十美元的费用。一些 HMO 计划还利用发放红利的方式鼓励医疗服务质量达到预设标准的医生和医疗机构。HMO 在医疗服务提供者之间引入竞争，医生或医院提供医疗服务的成本—效果比是否合理和服务质量的好坏是决定 HMO 是否与其续约的一个重要指标。另外，HMO 采用预付制支付方式，预付制切断了医疗服务提供者的收入与其提供的医疗服务量之间的直接联系，因此诱导需求行为受到遏制，有效地避免了信息不对称下可能出现的道德风险，成为控制医疗费用的一个重要举措。

三是可促进解决分层次医疗保障的问题。从各国的成功经验来看，存在多层次的医疗保障体系。例如，新加坡分别针对高收入、中等收入和低收入人群建立了三层医保制度。日本按照公众职业分类，纳入不同医疗保险组织体系，并有区别地确定症疗项目和用药价格。类似的，我国可以考虑通过健康保险，设计不同层次的保险产品，例如可按照农村人口、城市低收入阶层、中等收入阶层、高收入阶层划分为四个层次，每个层次的医疗保障水平和医疗服务有适当区别，居民根据自己的购买能力选择自己的层次，购买相应的健康保险，不同层之间有流动性，可以转层。机构（企事业单位等）也可以为职工提供不同层次的医保选项。上述安排可以实现效率与公平的统一，既保障居民公平地获得医疗服务，又有助于形成合理的激励机制。上述分层通过市场、通过商业性保险来实现，避免由政府出面分层，有利于减少阻力和不必要的指责。当然，财政可以考虑对低收入家庭购买健康保险提供适当补贴，但商业性保险在每个层次中都发挥基础性作用。

四是有助于处理公立与私立医院的关系，促进公平竞争。长期以来我国公立医院处于绝对垄断地位而且享受政府各种形式的"补贴"，民营资本进入医疗领域存在诸多限制。结果是，通常由几家"权威"的公立医疗机构组成当地医疗网络，垄断当地的医疗卫生资源，容易造成医疗服务水平低下并且滋生腐败，难以实现医疗作为高科技产业的竞争性和创新性。如果大力发展商业性健康保险，就有可能"熨平"公立医院与私立医院的差异。保险公司既可以与公立医院签约，也可以与私立医院签约，医院都从保险公司获得收入，公平竞争有利于激发不同所有制医院的积极性，促使其提高医疗服务水平。在此过程中，保险公司可以充分发挥信号甄别中介的作用，优化医疗资源配置。

五是帮助解决转诊难题。当前，公费医疗和劳保医疗都没有建立分级转诊制度，而是实行定点医疗，各单位都与一个或几个固定的医院签合同，结果导致大家都选大医院作为定点医院，大医院疲于应付，无法发挥技术优势和应有功能。同时，大量中小医院因业务不足而不能充分发挥作用，造成资源的闲置与浪费，并陷入恶性循环。医疗保险公司从成本控制的角度，可以建立有效的转诊机制，防止大医院被滥用，促进医疗资源的合理配置。例如，美国HMO制度，充分发挥家庭常任医生"看门人"的角色。家庭常任医生向会员提供基本的医疗保健服务，并负责指导、管理、监督和协调向会员提供其他保健服务。这意味着所有的非急诊保健服务只能由"看门人"提供，或者由他授权提供（通过转诊等）。

六是有助于解决医疗服务价格扭曲问题。目前，我国对医疗服务存在着严格的价格管制，医院不得不靠药品加成等灰色方式获取收益，造成医疗服务质量低下、医患矛盾突出、医疗服务供给不足等问题。大力发展商业性健康保险将有助于放开医疗服务价格管制，充分发挥价格杠杆的作用：一方面，可以提高医生收入，增加医疗的有效供给；另一方面，有助于减少过度的医疗需求，使医疗服务价格回归到合理均衡水平。

3. 在实践中，有地区已将部分社会医疗保险委托商业保险机构管理

例如，北京市平谷、密云、门头沟试点新农合"共保联办"项目，政府与保险公司双方人员联合办公，政府将新农合基金的50%作为保费划入保险公司的专用账户；如基金支出超过控制目标，双方各承担50%的超支费用；如管理好，基金节省费用按25%比例由政府对保险公司进行奖励。"共保联办"充分发挥商业保险机构专业化和精细化管

理优势，取得了很好的效果（详见附件1）。因此，方案一具有一定的实践基础。

（二）方案二：政府举办基本医疗保险，实现经办服务的委托管理

1. 实现经办服务委托管理的多种模式

社会医疗保险经办管理业务的委托对象可以是一般的社会组织，也可以是医保相关的专业机构，例如保险公司、数据分析公司、财务管理公司等。可以采取特许经营的模式，即政府在一个区域或人群范围内仅指定一家经办机构，经办机构之间不存在竞争关系；也可以采取管理竞争模式，即政府同时授权多家机构承包社会保险业务，鼓励经办机构之间进行竞争，参保人可以自由选择经办机构。

如采取特许经营的模式，可允许地方政府尝试在完善机构设置的基础上，将目前的医保经办机构逐步发展成为一个独立性较强的机构，医保经办机构应避免带有社会保障部门或卫生部门的属性。可借鉴德国经验，通过独立的经办机构专门负责提供医疗保障相关服务，并与医疗服务提供机构之间进行协议谈判，以此提高经办效率，节约医疗保障资金。由参保人代表、政府部门代表、医疗卫生机构代表组成监督委员会对医保机构进行监督。这种有各方参与的监督机制，能够及时将各方观点进行汇总、协商，减少交易成本，提高监督效率。

2. 实现经办服务委托管理的意义

一是在完全行政化管理模式下，医保经办成本无法显性化，难以根据工作需要投入经办资源，往往会造成社保经办机构管理能力不足。例如，行政化管理体制下社保经办机构人员编制、经费受到严格限制，会导致社保经办机构整体服务能力落后于业务量增长的需求，难以完成繁重的经办任务。

二是依托于现有行政体系的医保管理体系按条块分割，不利于统

一管理。保险经办管理如果独立于行政体系，可具有很强的规模效应和网络效应，扩大保险机构的管理地域范围有助于降低平均管理成本，也有助于提供更好的服务，如异地就医等。

三是管理竞争模式可引入竞争机制。在行政化管理下，一个区域只有一家社保经办机构，虽然能够保证医保信息的完整性、标识和规程的统一性，但社保经办机构不会面临业务上的竞争，可能忽视参保人的要求，造成服务质量低下，例如报销手续烦琐等。

3. 经办服务委托管理下政府职能的定位

在经办服务委托管理方案下，社会医疗保险的本质没有关变，政府在社会医疗保险中的基本职能没有改变。经办机构仅仅是运行了政府通过法律程序规定下来的社会保险产品，并不是提供商业保险产品，经办机构的经营符合社会保险主管部门的相关政策，医保基金的收支受到严格监控。

在委托管理方案下，政府的基本职能包括制定政策法规、监督职能、参保人的集体代理人职能以及再保险职能。通过立法程序制定政策是政府的首要职能，包括要求目标人群强制参保、要求保险机构不得拒绝任何投保人、制定基本待遇包、要求保险机构执行统一的社区费率等。政府的监管职能包括两个方面：一是社会医疗保险政策法规的实施；二是批准被委托机构的准入，判断哪些机构有能力提供社会医疗保险服务，并发放许可证。政府作为参保人的集体代理人职能表现为，政府会给不方便参保或无能力参保的人员提供一定的帮助，支持其参保。政府为社会医疗保险承担最终的责任，在经办业务委托管理的方案下，为了确保社会保险的可持续性，政府要对保险基金承担最终的责任，一旦经办机构破产，政府有义务接管经办机构对参保人权益的债务，确保参保人的保险权益不损失。

4. 在实践中，部分地区已将社会医疗保险委托商业保险机构经办

2009 年，全国有 518 个统筹地区的城镇职工补充医疗保险由商业

保险机构承保，占全国统筹地区数的20%左右，193个城镇居民补充医疗保险由商业保险机构承保，占统筹地区总数的10%。另外，有67个统筹地区的城镇居民基本医保和2个统筹地区的城镇职工基本医保由商业保险机构承保或参与[①]。截至2008年末，商业保险机构共参与14个省（直辖市、自治区）的115个县（市、区）的新农合经办工作。

（三）方案三：政府举办基本医疗保险，包括经办服务

1. 基本医疗保险由政府全权举办

在政府直接举办社保经办机构的情况下，政府全面负责医疗保险的经办管理，包括保费筹集、社保机构建设（信息系统建设、办公设施投入等）、人员配置、工作岗位设置、医保基金管理、理赔审核、待遇支付等。在这种经办模式下，政府按照一定的行政区划设置社保经办机构，社保经办机构之间不存在竞争，社保经办机构的所有资源由政府管理。

2. 该方案的主要考虑

该方案主要基于以下的国情：一是我国医疗服务体系尚未开放，公立医院占据垄断地位，社保经办机构与医疗机构的议价能力很弱，引入委托管理可能分散医保基金的购买力，进一步削弱社保经办机构的议价能力，削弱社保经办机构对医疗机构监督能力。二是我国全民医保制度初步形成，但是制度体系尚未巩固，在我国社会组织力量比较薄弱的情况下，需要政府的行政力量来巩固保险制度，例如动员参保、征收保费、核定救助资格等。因此，我国的医保委托管理应该分步实施。三是如果在社保经办机构中引入竞争机制，必须具备两个重要的条件：一是有丰富的医疗服务资源和经办资源，能够形成竞争态

[①] 人力资源和社会保障部社保中心统计。

势；二是必须具备风险调整机制这一技术条件。当前，我国无法拥有充分的医疗服务资源和经办资源，风险调整机制的建立也缺乏基础数据。

3. 配套措施

我国已初步建立了多层次的医疗保障体系：一是医疗救助层；二是基本医疗保险，包括城镇职工基本医疗保险、城镇居民基本医疗保险和新型农村合作医疗；三是补充医疗保险，包括商业医疗保险。地方政府可选择继续保持现有的政府举办基本医疗保险、商业医疗保险主要满足非基本医疗需求的格局，但是政府在医疗卫生保障体系中的作用应限定在基础保险范围内，地方政府不能搞福利竞赛。同时，针对现有制度和管理上的缺陷，提出以下配套措施：一是保持基本医保待遇水平在70%~75%的合理范围内。目前很多地方职工医保的住院待遇支付水平已经达到80%，少数地方甚至高达90%，过高的基本医保待遇水平弱化了个人责任和自我约束意识，引发对医疗服务的过度利用，挤压了补充保险的发展空间。二是适度控制基本医保目录的不断扩大，为补充保险发展提供空间。三是建立守症、转症制度，实现就地看病，同时放松对基层管制，允许基层医院配"基本药"以外的"职工药"等。

（四）方案比较：鼓励地方改革创新，优化趋同

上述三个方案各有利弊（见表5）。方案一对现有的体制突破较大，也有观点担心我国的保险市场发展有限，难以承担较大的社会责任，但健康保险公司的发展、完善和医疗卫生体制的改革是相辅相成的，通过市场化力量，也能最大限度地帮助缓解医患信息不对称和医患矛盾问题。方案二中独立的经办机构和监督机制可以在一定程度上提高医保效率，但从国际经验来看，在德国、法国等西欧国家，有很长的"市民社会"历史传统，社会组织发育比较完善；而在东亚国家，

缺乏社会组织的传统,特别是在我国的行政体制下,这类社会组织与政府有着千丝万缕的联系,其独立性有限。方案三对现行体制改变较小,但难以从根本上改变政府主导医疗保障导致的效率低下、成本较高的问题。在目前阶段,可考虑允许不同地区选择不同的方案,鼓励改革创新,允许地区间适度竞争,实现优化趋同。优化政府投入,减少政府对市场主体的直接管制。

表5　　　　　　　　　　方案比较

比较项目	方案一	方案二	方案三
财务可持续性	从资金来源、使用角度均有利于解决财务可持续问题	从资金使用角度,可节约资金,部分解决财务可持续问题	对现有财务安排没有影响
解决信息不对称	可解决	可基本解决	不解决
提高资源配置效率	实现市场化的资源配置效率	可提高资源配置效率	没有硬性
改革难度	难度很大	可行性较强	没有难度
政府的作用	政府基本退出,主要负责政策制定和监督	政府基本退出,主要负责政策制定和监督	政府主导

目前对医疗保障与医药卫生体制改革存在诸多争议。对可能存在的财务缺口大小缺乏深入分析和科学估计;对扩大医疗服务的有效供给存在不同方案;对公立医院的下一步改革存在不同思路,有观点坚持"收支两条线",也有观点主张建立有效激励;对政府办医保和商业性医保各自定位和下一步发展存在不同意见。鉴于对相应改革存在各种争议,可以允许不同地方尝试不同办法解决上述问题,地区间适度竞争,优化趋同。

附录

北京市平谷区试点新农合"共保联办"的经验

2011年初，北京市平谷区引入中国人民健康保险股份有限公司北京分公司（以下简称人保健康）试点新农合"共保联办"项目。"共保联办"是北京市政府引入商业保险参与首都社会医疗保障体系建设的首次尝试，也是全国首创采取的经办合作方式，实现了"管办分离"的社会化管理。"共保联办"发挥了市场在参与医疗改革、创新社会管理中的积极作用，在提升政府服务能力、提高新农合基金管理效率等方面取得了明显成效。

一、"共保联办"的特点和做法

"共保"就是政府将基金的50%作为保费划入保险公司的专用账户，另外的50%仍由政府管理，如基金支出超过控制目标，双方各承担50%的超支费用。如管理好，基金节省费用按25%的比例由政府对保险公司进行奖励；"联办"就是政府与保险公司双方人员联合办公，充分发挥商保的专业化和精细化管理优势，其中包括建立各项管理规范，对住院患者进行全程服务和管理。

"共保联办"坚持"政府主导、商业辅助、风险共担、长期合作"原则，既发挥政府的主要和监管作用，又发挥商业机构的专业化和精细化管理优势。通过以下措施实现管理效能的提升：

一是行为标准规范化。"共保联办"办公室根据区内定点医院存在的违规问题，逐步统一了定点医院常见疾病入院标准，与医院签订《定点医院责任状》，并按照基金"以收定支"的基本原则，制定了《定点医院违规行为界定标准和处理办法》、《定点医院常见疾病入院标准》等各种医疗标准，明确了定点医院违规行为界限。同时，完善审核、巡查工作流程管理制度，建立《医院巡查管理制度》、《巡查预警病历筛选标准》等三大类100余项规章制度和标准，涵盖新农合管理全部环节。

二是经办能力专业化。人保健康派驻医学专业管理人员15人，其中包括硕士以上学历5人；具有中、高级以上职称人员占到50%，使平谷新农合管理中心成为全市农合经办机构中人数最多、专业人员占比最大、服务和管理能力最强、工作开展最为全面细致的合管中心。另外，提升信息化水平，人保健康开发"社保通—移动巡查平台"，实现诊疗全过程管理，固化了巡查审核工作的标准流程。人保健康还开发了"医疗审核辅助系统"，改变完全依靠人工审核的现状，提高了工作效率。

三是过程管理精细化。巡查审核工作流程全部按照国际质量管理体系标准实施，合作第一年，平谷区"共保联办"项目即顺利通过ISO9001国际质量管理体系认证，使新农合管理中心成为全国首家获得该认证的农合经办机构。对医院入院患者建立了全程服务和管理，设立的驻院巡查人员对平谷区内四家重点医院开展全过程、多视角的监督巡查管理，包括审运行病历、查就诊患者、核实经管医生、追踪可疑病例和督促整改。住院期间病历和出院病历审查比例远高于其他区县。

四是合作机制市场化。在双方合作协议中明确约定，如基金支出超过控制目标，商业保险要承担50%的超支费用，因此，"共保联办"的创新在于真正引入了市场机制和经济补偿机制。

二、取得的成效

一是提升了群众健康水平，降低了农民负担。由于诊疗行为更加规范，农民医疗费用支出减少。按照北京市 2011~2013 年年增长水平测算，2011 年到 2013 年三年时间，平谷区农民共减少医疗费支出达到 4400 万元。

二是提升了政府服务能力。"共保联办"后，保险公司派出 15 位有医药行业背景的工作人员，会同农合管理中心开展工作，在政府没有增加投入的情况下，改变了政府的服务能力不足的状况。同时，实施"共保联办"后，政府管理部门和保险公司形成了在统筹管理模式下一定程度的管办分离。

三是提升了基金运行效率，降低了不当医疗支出。由于基金发挥了第三方购买者的监督作用，有效地降低了医疗过度需求和过度供给。引入联办前三年（2008~2010 年）平谷区新农合基金支出的平均增长率为 69%，采用联办后三年（2011~2013 年）平均增长率下降为 2.2%。密云和门头沟区经办后不足一年，当年年增长率从既往年增长率 25% 以上降为 5.8% 和 3.76%。三区县低水平增长率拉低了全市增长率近 4 个百分点。

四是提升了健康保险经营水平，降低了健康险保险赔付风险。通过"共保联办"，保险公司与卫生部门、区内定点医院实现了新农合数据共享，积累了风险数据，有利于缓解医患信息不对称和医患矛盾问题。

2013 年北京市进一步扩大试点，在密云和门头沟实行"共保联办"后，人保健康与大兴、怀柔和顺义确定了合作意向，服务人群将超过北京市农业人口的 50%。平谷的"共保联办"模式具有可持续性和可复制性。

参考文献

[1] 白重恩、李宏彬、吴斌珍：《医疗保险与消费：来自新型农村合作医疗的证据》，载《经济研究》，2012（2）。

[2] 黄枫、甘犁：《过度需求还是有效需求？——城镇老人健康与医疗保险的实证分析》，载《经济研究》，2010（6）。

[3] 黄枫、甘犁：《医疗保险中的道德风险研究——基于微观数据的分析》，载《金融研究》，2012（5）。

[4] 李波：《深化经济体制改革重点领域一揽子方案建议》，北京，中国经济出版社，2014。

[5] 乌日图：《医疗保障制度国际比较及政策选择》，博士论文，2003。

[6] 单大圣：《中国医疗保障管理体制研究综述》，载《卫生经济研究》，2013（309）。

[7] 王英：《我国医疗保险制度改革的经济学分析》，博士论文，2010。

[8] 熊先军、孟伟等：《现状剖析：医保城乡统筹势在必行》，载《中国社会保障》，2011（8）。

[9] 郑功成：《建设公平普惠的全民医保制度》，载《中国社会保障》，2013（3）。

[10] 张亚东：《发展商业医疗保险的纵向一体化研究——兼论代理成本与交易成本的规制选择》，载《金融研究》，2003（7）。

[11] 中国医疗保险研究会：完善中国特色医疗保障体系研究报告，2013。

第六章
新型城镇化背景下的土地供给改革方案研究

周诚君

摘要

城镇化是我国扩大内需的最大潜力所在,也是经济持续健康发展的强大引擎。新型城镇化的核心是实现人的城镇化,关键是突破现有土地制度的束缚。在此背景下,土地制度改革的重点是增加土地有效供给,建立市场化、可持续的城镇化融资机制。为此,应在借鉴国际上土地管理制度的基础上,明确近、中、远期建设规划和土地供给,实施土地供给与户籍制度联动,建立以土地当量为标的的动态占补平衡体系。本文提出了三个土地供给制度改革方案:一是建立城乡统一的土地使用权交易市场,按公益用地和经营性用地实行区别化土地供给;二是改革土地招投标拍卖制度,按零地价或低成本价供应土地;三是卖地收入归中央所有。三个方案均还需要以"市政债+房产税"的模式为城镇化建设提供可持续的资金保障。

一、引言

城镇化是伴随工业化发展、非农产业在城镇集聚、农村人口向城镇集中的自然历史过程，是人类社会发展的客观趋势。国际上许多国家在城市化①发展的不同阶段都提出了一些适合本国国情的新理念，以引导城市化发展的方向。如英国20世纪40年代提出的"土地发展权国有化理念"，德国20世纪50年代倡导的"农村与城市生活不同但质量等值"理念，美国20世纪90年代提出的"理性发展理念和城市发展边界概念"。2013年11月，十八届三中全会提出了建立城乡统一的建设用地市场、改革征地制度和补偿机制、完善土地二级市场等改革方向。2014年3月，《国家新型城镇化规划（2014—2020）》公布，提出要以"人的城镇化为核心，有序推进农业转移人口市民化"。这些改革方向和目标也正是新型城镇化与过去的城镇化在理念上的区别所在。

在学界，城镇化及相应的土地制度改革也一直是研究的热点，学者们围绕如何推进城镇化和土地制度改革提出了各种观点。李铁认为，推进城镇化首先要解决的是土地城镇化快于人口城镇化的矛盾②。华生认为，要改革现行经营城市土地、谋求卖地净收益的房地产财政，实行以财务平衡为原则的新型征地制度；调整既得利益结构，土地增值收益要回归城市化主体③。温铁军对国际上的土地制度改革进行了研究后提出，土地制度改革不能照搬西方模式，几乎所有人口过亿的发展中国家，在继承或采取"私有化＋市场化"制度之后，普遍受制于耕

---

① 在讨论城市化问题时，国际上通用的是城市化（urbanization），从人口规模来看，国外的许多市与中国的许多镇是类似的概念，国内更多使用城镇化一词，从内涵上讲，城市化与城镇化并无区别。
② 李铁：《稳步推进城镇化，合理配置土地资源》，载《中国土地》，2010（11）。
③ 华生：《城市化转型与土地陷阱》，227~236页，东方出版社，2013。

者尤其出和城市贫民窟化困境,并由此造成社会动乱①。吴敬琏认为,新型城镇化应该要改变各级政府用行政命令推动城镇化的办法,通过市场运作和政府的土地利用规则提高城镇化效率,建立跨城乡的全国统一的劳动力、土地和资本市场②。周其仁认为,过去中国的改革是农村包围城市,例如包产到户、粮食统购统销改革等,而土地改革则是从城市出来,要激活农村的资源,动因和财力来源在城市。③ 刘守英对我国城乡二元的土地制度进行了研究,提出应建立城乡统一的建设用地市场,改革征地制度,建立公平共享的土地增值收益分配制度。④ 党国英认为,土地制度改革要在使用权上下工夫,把土地使用权做实,使其"物权化",让土地使用权成为一种基本不受所有权限制、可以进行多种交易和处置的财产权⑤。学者们的普遍共识是,土地管理制度改革不是一项单独的、微观的制度调整,是"牵一发而动全身"的系统工程。

我们认为,当前和未来一段时期,城镇化仍是我国扩大内需的最大潜力所在,是经济持续健康发展的强大引擎。概况来说,推进新型城镇化就是要解决好"人、地、钱"的问题。人是城镇化的核心,城镇化过程应将促进人的流动、安居、发展放在首位;地是城镇化的关键,没有土地的城镇化,人的城镇化就没有空间和载体;钱是城镇化的保障,如果没有激励相容的融资机制,城镇化的资金来源问题就难以解决或可持续,许多主体的行为就可能被异化,甚至出现竭泽而渔的局面。改革正是要围绕着破解人的城镇化障碍、土地供给制度的弊端、地方政府等主体的行为异化等展开。

---

① 温铁军:《土地改革不照搬西方教条》,中国报道,2014 – 02。
② 吴敬琏:《新型城镇化不可恋"旧"》,载《理论学习》,2014 (2)。
③ 周其仁:《土地制度改革有四方面值得关注》,载《理论学习》,2014 (10)。
④ 刘守英:《中国城乡二元土地制度的特征、问题与改革》,载《国际经济评论》,2014 (3)。
⑤ 党国英:《土地制度改革要坚持用途管制》,载《中国土地》,2010 (6)。

二、新型城镇化的核心是"人的城镇化"

美国学者诺瑟姆（Ray M. Northam，1979）在总结欧美城市化历程的基础上提出了"诺瑟姆曲线"，即城市化进程如同一条平卧的"S"形，在初期（一般城市化率为20%~30%）速度缓慢，越过这个时期就进入加速城市化阶段，当城市化率为70%~80%及以上时又再度放缓。目前我国按常住人口统计的城镇化率为52.6%，但若以户籍人口计算则城市化率仅为38%[①]，不仅低于发达国家80%左右的平均水平，也低于与中国发展阶段相近的发展中国家60%左右的平均水平。按照诺瑟姆的理论，当前我国城镇化进程仍处在加速发展阶段，未来十几年空间巨大。如果仍然按每年城镇化率水平提高一个百分点左右的速度计算，每年将新增城镇人口约1800万人，到2030年中国城镇化率可达到70%[②]，这个城镇化速度应该说并不算快。当然，城镇化速度也不是越快越好。拉美国家就是典型，以巴西为例，1940~1980年，巴西的城市化率从36.2%快速上升至67.6%，在发达国家，同样的城市化率增幅要至少多用20年时间才能实现；在实现同等城市化率增幅的同时，发达国家的人均GDP增加了2.5倍以上，而巴西只增加了60%，城市化进程与经济发展水平之间的脱节，导致大量找不到工作的无地农民滞留城市，造成贫民窟蔓延[③]。拉美国家的城市化发展是的

[①] 户籍人口代表城市居住人口应具有的公共服务标准，以此计算的城镇化率可以大体反映与公共服务均等化要求相对应的城镇化率。也就是说，目前52.6%的城镇化人口中还有近15%、约2.34亿的农村户籍人口虽进入城镇，却不能享受相应的市民待遇，尚未真正成为城市居民。这部分群体中的绝大多数希望能稳定地在城市落户，享受市民所具有的社保、医疗、子女教育等基本公共服务。

[②] 部分学者对中国城镇化进程更加乐观，如万广华：《2030年：中国城镇化率达到80%》，载《国际经济评论》2011（6）。

[③] 王世元：《新型城镇化至土地制度改革路径》，200页，北京，中国大地出版社，2014。

"经济城市化"滞后于"人的城市化"。我国的情况则恰恰相反。以城镇化与工业化匹配程度指标来看，2010年全球平均城市化率为50.9%，工业占GDP的比重为26%，全球城市化率/工业化率为1.95，而同期中国这一比率仅为1.09，远低于美国（4.1）、英国（4.09）、法国（4.11）等发达国家，也低于巴西（3.22）、俄罗斯（1.97）、南非（1.38）、印度（1.15）等可比性较强的金砖国家[①]。我国是典型的"人的城镇化"落后于"经济城镇化"。如果按照户籍人口城镇化率来计算的话，则这个问题会更加明显（见图1）。

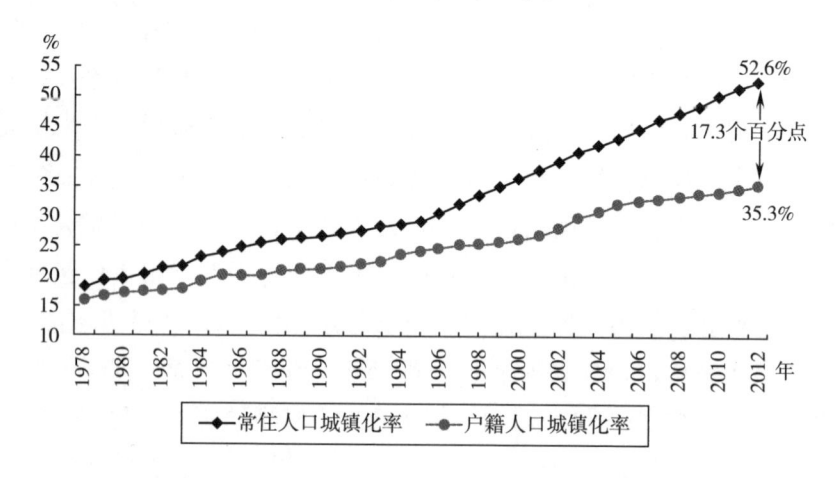

图1 常住人口城镇化率与户籍人口城镇化率

新型城镇化之"新"体现在哪里，从根本上说就是实现从"经济城镇化"向"人的城镇化"的转变，实现各种要素均衡发展的城镇化，其核心是解决好人的问题。具体来说，近期内（到2020年），城镇人口要比2013年增加1.2亿人左右，城镇化率水平在60%左右，主要是解决好

[①] 类似地，简新华等发现，中国城镇化水平的滞后不仅仅表现为滞后于国内经济发展水平、工业化或非农化进程，也表现为滞后于国外同等发展水平国家或同样发展阶段的城市化水平。见简新华、黄锟：《中国城镇化水平和速度的实证分析与前景预测》，载《经济研究》，2010（3）。

"三个1亿人"问题,即促进约1亿人农业转移人口落户城镇,改造约1亿人的城镇棚户区和城中村,引导约1亿人在中西部地区就近城镇化;中长期内(到2030年),从农村向城市转移约2.3亿人,加上城市人口自然增长约0.5亿人,总计城镇人口要新增长约2.8亿人。面对这种形势和要求,我们要更多地注重城镇的经济发展和建设的理念,更多地服务于进城的两亿多城市新居民,满足和改善城市新居民的民生和公共服务均等化,这需要重点解决以下几个方面的问题:

一是解决进城农民工的户籍。长期以来,我国的城市户籍与相应的就业、医疗、教育等社会保障息息相关,如果不能落户就无法享受城市居民的诸多基本待遇。长期来看,适应新型城镇化的土地和户籍等制度改革的目标应当是公民的自由迁徙权和在社会公平、公正原则的调节下城乡居民平等地拥有、处置土地及附着物财产权的权利。不仅进城农民和其他移居者应当享有城市市民的平等权利,城市市民也有下乡置业、生活和发展的平等权利[1]。

二是新增城镇人口的就业。每年新增1800万的城镇人口,除了给城镇化发展带来了巨大的消费需求和劳动力供给外,首先面对的就是要吸纳、解决这些人员的就业问题,这需要相关产业特别是现代服务业快速发展起来,否则容易产生类似于拉美国家的社会问题。

三是土地制度改革和住房保障。安居方能乐业,进城农民放弃土地入户定居,就需要能以可承受的价格购买城镇住房,这就需要尽快建立起城乡统一的土地流转制度,改革现有的城市土地供给方式,降低基本住房的土地成本,为不同收入水平的居民特别是为农业转移人口中的中低收入阶层提供社会接纳、资源环境友好的保障住房或商品住房体系。

四是基础设施建设和公共服务。新型城镇化的推进还特别强调要

---

[1] 华生:《城市化转型与土地陷阱》,221页,东方出版社,2013。

建设与之相适应的城市基础设施（包括道路、地铁、供水、供电、供热、污水及垃圾处理、园林绿化等）以及提供基本的公共服务（包括教育、医疗、社会保障、公共安全等）。

更进一步来说，如果把新增的2亿多城镇人口和已经进城但尚未落户的2亿多人的落户、就业、教育、医疗等基本公共服务需求一并考虑并逐步予以解决的话，我国城镇化的潜力相当之大，但面对的挑战和改革压力也不言而喻。这个实际上也是逐步破解长期以来存在的城乡之间、区域之间和城市内部的二元结构的需要，使市场真正在城镇化的资源配置中起决定性作用，促进城镇化的健康可持续发展的过程。在这个过程中，政府主导的自上而下的改革将发挥至关重要的作用，也是新型城镇化的应有之义。

三、关键是要突破土地束缚

与多数国家不同，我国土地制度的基本特征是一种城乡分割的二元土地制度，城市市区土地属于国家所有，农村和城市郊区的土地除法律规定属于国家所有外，属于农村集体所有。在这种城乡二元分割的土地所有制基础上，城市国有土地和农村集体土地的产权性质和产权的附属权益，也就是所谓的权能也不一样。在农业用地方面，通过计划手段设立18亿亩耕地红线等措施，实行严格的耕地保护制度。在建设用地方面，实行建设用地总量控制①，任何单位和个人进行建设，需要使用土地的，必须依法申请使用国有建设用地，涉及农用地转为

---

① 我国建设用地包括四类：工矿仓储用地、商业服务用地、住宅用地以及基础设施等其他用地。国土资源部数据显示，2008~2012年，我国国有建设用地供应分别为23.5万公顷、36.2万公顷、43.2万公顷、59.1万公顷和69万公顷，其中住宅用地供给分别为6.2万公顷、8.2万公顷、11.5万公顷、12.7万公顷、11.1万公顷。总体来看，建设用地供给逐年递增，但建设用地供需缺口依然较大，至2010年我国建设总用地仅占全国土地资源的3%，远低于国际平均水平。参见国土资源部网站：http://www.mlr.gov.cn/zwgk/tjxx。

建设用地的，应当办理农用地专用审批手续。在建设用地供给方式上也采取计划管理，即通过土地征收制度，政府从农村直接征收土地，而征收土地后，实行土地招拍挂制度，垄断"农转非"土地收购及城市土地投放。应该说，当前的土地管理制度在一段时期内发挥了积极的作用，但随着经济社会发展水平的提高和城镇化进程的加快推进等，这种土地管理制度暴露出了诸多问题。

土地资源利用效率低下。土地集约利用是城市化发展的一个重要表现和正面效应，但我国这么多年的城镇化进程则恰好相反，土地集约利用程度并没有随着城市化水平的提高而提高，反而更加粗放。从纵向来看，从2000年到2010年，全国人均城镇工矿用地从130平方米提高到142平方米，城市建成区人口密度从每平方公里7700人下降到7000人。与国际上横向比较看，当前我国居住用地与工业用地是1.5:1，许多城市甚至工业用地超过居住用地[1]，远高于国家标准的上限，[2] 而日本三大都市圈居住用地是3700平方公里，工业用地是600平方公里，比例为6:1；法国大巴黎地区居住用地是1100平方公里，工业用地是205平方公里，比例为5:1。[3]

耕地保护重视数量控制，忽视质量提升。在农业用地方面，在我国通过坚守18亿亩耕地红线的政策，实施耕地总量控制，但却忽视和缺乏对耕地质量的保护。目前，在我国约18.26亿亩耕地中[4]，中低产

---

[1] 如2010年的数据显示，珠江三角洲、长江三角洲等地区，工业用地比例甚至达到50%。
[2] 王世元：《新型城镇化至土地制度改革路径》，9页，北京，中国大地出版社，2014。
[3] 见杨伟民在2013年中国城镇化高层国际论坛上的演讲，http://www.caijing.com.cn/2013-03-30/112634353.html。
[4] 根据农业部统计，我国家庭承包经营耕地面积约13亿亩，但第二次全国土地调查发现全国耕地20.3亿亩。扣除农垦系统9316万亩（6211千公顷）国有农场和新疆生产建设兵团1867万亩（1245千公顷）耕地，农村集体所有的耕地仍有19亿亩。土地确权过程中不少地方发现农民承包耕地面积较之前大幅上升。例如，成都大邑县实际测量的承包耕地比原来登记的台账面积增加多出了42%，因此估计但家庭承包经营耕地就达18亿亩。转引自中金公司研究报告，《中国土地改革专题研究》，2014年11月27日。

田约13亿亩，其中70%的耕地由于农田使用过量化肥、农药、工业污水排放等原因已受到污染，是造成食品安全等问题的重要原因。

人的城镇化受到极大束缚。我国的土地产权制度安排上的城乡二元结构，导致集体土地权能残缺，同时强制征地制度、补偿机制不完善，土地增值收益分配严重不公。失地农民由于保障水平低，不敢也不愿意放弃农地，难以成为真正的市民，表现为虽然农村人口在减少，但农村建设用地反而在增加。此外，城乡分割的土地市场导致统一的土地流转市场没有建立起来，使农地流转和价值实现困难，再加上农业收益率低，造成农村土地闲置状况比较严重。估计目前闲置规模达到185万~285万公顷，相当于现有城镇用地的四分之一到三分之一。

地方政府的公信力和行政权威受到严重损害。在现有的土地制度下，政府既是所有者代表，又是经营者，且独家垄断经营，通过所有制管制、规划和用途管制，以及土地年度计划和审批管理来控制土地并以此获取大量收益。造成地方在推进城镇化建设中高度依赖土地财政。审计署的调查显示，2010年末政府性债务大概有40%左右是靠土地收益来偿还的。2010~2013年，国有土地使用权出让收入分别为

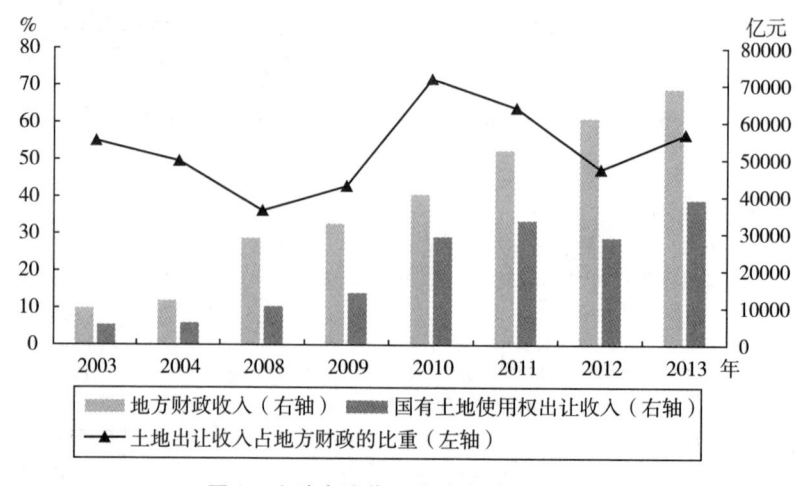

图2 土地出让收入占地方财政的比重

2.9万亿元、3.3万亿元、2.9万亿元、3.9万亿元，占同年地方政府财政收入的比重高达72%、64%、47%、57%（见图2）。高度的土地财政依赖导致地方政府在谋求土地出让收入的过程中扭曲了其行为准则，由于征地、赔偿而引发的利益主体之间的矛盾甚至群体性事件屡有发生，政府也不得不投入大量人力、物力和财力进行维稳，不仅严重损害了政府的公信力，同时对政府履行其他职能也产生了较强的负面溢出效应。

四、土地管理制度的国际经验

现代土地管理制度发源于英国、德国等西欧国家，在城镇化过程中经历了一个较为缓慢的渐进式创新完善的过程，日本、韩国等国在借鉴欧美土地制度的基础上，建立了土地资源稀缺型国家的现代土地管理制度。匈牙利等转轨国家为适应新的政治体制和市场经济的需要，参照欧美模式也进行了土地制度的改革。对于我国这样的发展中国家来讲，借鉴国际经验主要有两类：一类是发达国家，其土地管理制度和土地市场体系一般都相当完善，可为我国土地制度改革提供已经成熟的经验；另一类是转轨经济体，从某种意义上讲，转轨经济体的经验和教训对我国来说甚至更为重要一些。因为西方发达国家没有经历转型的历史阶段，许多转轨国家出现的问题发达国家都没有遇到过，也就难以给我们提供可供借鉴的经验，而转轨国家在许多方面都是类似的，其改革的经验我们可以积极借鉴，其改革的弊端或教训则有助于我们避免走类似的弯路。

（一）日本

日本的私有土地占65%，国家和公共团体所有土地占35%。[①] 日

---

① 余志刚：《日本农地流转制度及对我国的启示》，2010。

本对政府征地进行了明确的范围界定，为了防止政府以公共利益为名滥用土地征收权，日本《土地征用法》详细列举了35种可以进行征地的公共利益，包括交通、电力、石油管道、机场、公园建设等。在征地补偿方面，日本实行完全补偿，即给予被征收者的补偿应足够被征收者在附近取得与被征收土地相等的代替地所需的金额。除了现金补偿，还可以采取土地置换进行赔偿，即所谓的"替地"①。日本有覆盖全国的地价公示制度，并普遍征收固定资产税，因此土地市场价格非常透明。其补偿的下限是该土地缴纳固定资产税对应的资产价格，上限是附近同类用途土地的最近和最高市场价格，因而并不存在多大的争议空间。② 日本对土地使用性质的改变进行了严格的限制，如《农地法》规定农民无权将自家私有农地改为宅地等建设用地，违者有重罚，开发商无权收购农地更不能改变农地用途，而只有政府的公共团体才有权收购土地进行开发③。如果土地所有者要申请变更规划限制，即改变土地用途，日本采取的是"减步法"，即在改变土地用途规划和建筑规划时，原土地所有者必须将土地分为两块，一块给原土地所有者或使用权所有人按新规划开发，一块作为公共设施用地或出售以充抵公共设施建设费，简言之就是以自己的私有土地换取规划变更④。

（二）新加坡

新加坡的土地80%属于国有和公有，20%为私有。⑤ 新加坡的土

---

① 日本《土地征用法》第82条规定"土地所有人或者关系人可以向征用委员会要求，用土地或者土地相关的所有权以外的权利（即置换土地）"，顶替全部或者一部分被征用的土地以及该土地除所有权意外的权利的赔偿费。见《日本的国土利用及土地征用法律精选》，北京，地质出版社，2000。
② 华生：《城市化转型与土地陷阱》，192页，东方出版社，2013。
③ 华生：《城市化转型与土地陷阱》，184页，东方出版社，2013。
④ 华生：《城市化转型与土地陷阱》，193页，东方出版社，2013。
⑤ 李猛：《新加坡、香港土地政策之鉴》，2013。

地出让方式主要是割让，即政府为发展公共、公益事业的需要使用国有土地，采取分配划拨和招标出让。对于政府部门用地和公共设施用地基本上采取无偿划拨，但要计算价格备案；对于社会团体要确定使用年限和年租金；对于个人和企业则通过招标方式出售土地。新加坡的土地出让市场实际上是使用权交易市场，所有权并不让渡，使用者是以土地租金和使用费的形式获得土地使用权，最长的使用年限一般为99年。到期后，土地收回，地上建筑无偿收归国家所有。新加坡国土资源有限、人口密度大，如果按照纯市场化的原则，房价会使民众难以承受。1964年，新加坡政府推出"居者有其屋计划"，通过大量建设组屋，为普通民众提供住房需求[①]。目前，大约80%的人口住在组屋中，其余住在市场化的商品房里。1966年新加坡公布的《土地征用法令》规定，政府有权征用私人土地用于国家建设，并有权调整被征用的土地的价格。因此，新加坡政府可以以远低于市场价格的价格获得土地用于组屋建设并给予补贴，其定价也是根据中低收入阶层的承受能力而不是成本来制定，因此组屋的价格大概不到商品住宅的20%，租金也比较低。同时，新加坡政府还建立了较为完善的中央公积金制度，规定了较低的购房首付比例和贷款利率，购房者一般只需动用公积金便可偿还贷款。组屋坚持以自住为主，严禁多占和投机炒卖。

（三）我国台湾

台湾的土地制度是均权制，即土地所有权分割，公私均有地权的

---

① 我国保障房制度主要就是学习香港特别行政区的公屋模式和新加坡的组屋模式，但其分配的公平和透明度、资源配置效率一直受到公众和学界的质疑。因为，我国城市化进程中，进程农民未来的地理和空间分布难以预知，中西部有房但进城农民不愿去，东南地区缺房少地但进城农民却蜂拥而至，很容易导致空城和供给不足并存的现象。因此，不能像新加坡或香港特别行政区那样的城市型经济体仅仅依靠计划和行政配置土地和住房。

一部分，私人可以拥有土地所有权，但只是下级所有权，在其之上还有一个"国家"上级所有权，"国家"依据上级所有权可随时根据情况收取土地报酬，分配土地收益，防止土地分配的不平均，下级所有权主要是土地的使用权和收益权。① 台湾的农地改革目的是实现"耕者有其田"，而城市土地改革则采取"涨价归公"策略，以实现财富的平均分配。台湾依靠征地补偿价格限定和高额的累进土地增值税实现"涨价归公"，如《平均地权条例》规定对被征收土地要按照公告的土地现值进行补偿，对于增值部分，最初规定对涨幅超过100%以上的部分分别征收30%、50%、70%、90%和100%的超额累进增值税，后几经修订逐步改为20%、40%、60%三级累进。台湾对土地转变用途也制定了严格要求，必须按照土地规划执行，而且农地转非农用地时需有一半的土地"充公"，农转非增值收益也是"涨价归公"，全民享有。与日本类似，台湾是典型的列举式征地模式，即在法律中详细列举那些属于公共利益的范畴。台湾《土地征收条例》第3条详细列举了包括国防、交通、公用、水利、公共卫生等公共利益的范畴。关于征地赔偿标准，台湾《土地征收条例》明确规定，土地征收应给予补偿的项目主要包括：地价赔偿、建筑改良物和农作改良物的补偿；相邻土地受到损失的补偿；因征收而导致营业损失的补偿；搬迁费补偿；并对被征地人免征土地增值税等。在2000年《土地征收条例》出台之前，台湾征地的补偿价格按公告土地现值加四成计算，但公告土地现值没有标准，往往远低于市价，侵犯了被征收人的利益；《土地征收条例》出台后，地价补偿额虽仍以当期公告土地现值为标准，但不再受四成的限制，且前项征收补偿地价，必要时可授权标准地价评议委员会调整加成数，以期接近市价。②

---

① 刘法威：《台湾均权制与大陆公有制土地制度研究》，226页，载《求索》，2012（4）。
② 虞晓芬、金细簪：《台湾土地征收的经验及启示》，42页，载《台湾研究》，2012（3）。

（四）俄罗斯

从1991年开始，俄罗斯开始进行土地私有化改造，取消了国家对土地的垄断，将集体农庄和国营农场的土地以"土地份额"的形式，大部分无偿转让给农民，但这种平均分配的"土地份额"并非实物土地，公民得到是对国家所有形式的耕地的权利份额，相当于土地股份。而耕地仍由农业生产单位管理。在土地私有化过程中，农地能否买卖流通一直是改革的焦点。直到2001年新的《俄罗斯联邦土地法典》才首次允许耕地以外的土地进入流通。该法打破了农用土地流通的数量限制，解禁了农用土地改变农业用途的限制，明确了农民所获土地份额及所有权，为实现俄罗斯土地制度的改革和转型奠定了法律基础。但是，俄罗斯建立一个有效的土地市场的改革目标并没有因此而实现。分析其原因，主要有两个：一是国有土地占比过大。以2004年的数据为例，国有土地占92.4%，国家是土地的主要支配者，这导致整个土地市场的租赁价格和出售价格均有国家决定，市场在土地资源配置中的作用受到了极大制约。二是土地市场运行环境恶劣。从1990年至2001年，俄罗斯共通过了41项联邦法、33项总统指令及近百项政府决议，不同地区也有各自的土地法规，但这些法律法规不成系统、参差不齐，甚至互相矛盾。而且在法律执行中，利用土地审批权进行"寻租"的问题突出，腐败盛行。如一项商业建设的土地交易，购买者需要经历11个审批程序、涉及8个不同的政府部门、准备17个不同的文件、经过200多天并花费7万卢布才能实现。这就导致土地交易因为审批程序而变的效率极低，严重阻碍了土地市场的发展[1]。

---

[1] Stephen K. Wegren：《俄罗斯土地制度改革与土地市场建立》，载《资源与人居环境》，2009（15）。

（五）匈牙利

20世纪80年代以前，匈牙利2/3的土地属于国家所有，国家集体农场、国营农场集中了全国80%以上的农地，匈牙利农业所取得的成就曾一度赢得世界赞誉。从20世纪90年代开始，中东欧国家转向市场经济体制，推行土地私有化改革。匈牙利制定了《合作社改组法》等一系列法律法规，主要是围绕土地私有化过程中谁可以获得土地、怎样获得以及依据什么标准获得。但由于经过几十年的计划经济集体农场阶段，原有的土地边界已不复存在或转作他用，因此匈牙利通过发放赔偿券给原土地所有者或继承人另行购买土地。国有农场土地则按照土地所有者、财产所有者、劳动贡献进行分配。匈牙利土地私有化的目标是发展私人农场，但私有化以后获得土地的大量农民选择了建立新型农业合作社。截至1992年末，匈牙利政府规定的集体农业结束时，99%的集体农场转换成了新的合作社，只有3%的成员退出兴办私人农场。推行土地私有化后，匈牙利的土地集中程度大大降低，土地经营规模化水平严重下降，大量农村土地存在闲置，土地利用效率大幅降低。到2000年左右，匈牙利的农业产值只相当于20世纪90年代初的六成，生产水平下降了15年左右。匈牙利的土地私有化改革不但没有促进农业发展，反而使农业出现了持续的衰退现象。分析其原因，转型时期东欧各国不利的宏观经济环境是私人农场难以发展的根本[1]。此外，私人耕作的风险太大，农民更愿意将土地和资产保存在相对安全且熟悉的集体组织里[2]。很多土地所有者或者其继承人早已居住

---

[1] Csaba Csaki and Zvi Lerman. *Agricultural Transition Revisited：Issues of Land Reform and Farm Restructuring in East Central Europe and The Former USSR*. Csaba Csaki（ed.），The Plenary Papers of the 8th Congress of European Association of Agricultural Economists，1996，pp. 61 – 80.

[2] Csaba Csaki：《90年代东欧和独联体国家的土地改革及农场重组》，载《中国农村经济》，1999（3）。

在城市，对经营农业也没有兴趣，只是将土地作为不动产持有，甚至任其荒芜。土地自由买卖是匈牙利土地私有化的一个目标，但土地私有化后，匈牙利的土地市场发展缓慢。这主要与匈牙利对土地买卖采取了一定限制有关。如匈牙利规定个人拥有土地的数量上限为300公顷，公司最多可租赁2500公顷土地。尽管后来逐渐对土地买卖限制进行了"松绑"，但是，匈牙利的土地市场发展依然缓慢，流转率较低，土地集约经营并没有明显的改善。

五、土地制度改革需要认识和突破的几个问题

（一）突破18亿亩耕地红线的认识束缚

1798年，英国经济学家马尔萨斯在《人口论》中为人类描绘了一个黯淡的前景：人口呈几何级数增长而粮食等生活资料呈算术级数增长，所以不可避免要导致饥荒、战争和疾病，因此要果断采取措施，严格限制人口数量。马尔萨斯实际上表达的是对粮食危机[1]的担忧。两个世纪过去了，农业技术的进步早已打破了马尔萨斯的预言和担忧。我国历史上曾多次发生过粮食危机，"马尔萨斯式的担忧"颇容易为人理解和接受，这或许也是设立18亿亩耕地红线的初衷。客观上讲，过去多年坚守18亿亩耕地红线的政策在保护耕地、确保粮食安全等方面

---

[1] 诺贝尔经济学奖获得者阿玛亚蒂·森（2002）对历史上曾经发生过的饥荒危机做过深入的研究，大量事实和严密的逻辑证明，"试图根据人均粮食可供量来理解饥荒，会导致无可救药的误解，"饥荒的发生原因在于"一部分人口突然意外地失去了他们的经济权益"。见北京天则经济研究所《中国土地问题课题组》，城市化背景下土地产权的实施和保护，32页，载《管理世界》，2007（12）。

发挥了重要作用①。但从世界范围来看，各国尤其是发达国家保护农地的措施多采取经济和市场手段而不是计划和行政指令，其保护农地的目的更多地在于保护生态环境，而不是提高农业生产。粮食安全已不是各国保护耕地的主要目的。事实上，经过多年的改革开放，农业技术进步已使我国的粮食安全问题基本得到解决。从粮食自给率指标看，20 世纪 90 年代中期以来，我国粮食平均自给率达 100.5%，按照国际经验，粮食自给率维持在 90% 以上通常被认为是安全的②。应该看到，当前和今后一段时期，通过推动农业科技创新、农田整治、拓展农业国际贸易与投资，实物形态的 18 亿亩耕地红线完全是可突破的。尤其是在新型城镇化加快推进的过程中，面对人的城镇化的巨大土地需求，如果仍着眼于严控土地供给和市场需求的土地管理理念，很容易造成土地资源的价格扭曲，加剧人地矛盾和建设用地供给紧张，既不能更好地优化土地资源配置，也不利于科学有效地推进新型城镇化建设。

（二）土地私有化并不是土地制度改革的首要问题

学界有不少观点认为，土地私有化是土地制度改革的基础。产权制度固然重要，但在土地方面却可能是一个例外。哈耶克在他的《个人主义与经济秩序》一书曾写道："人们通过追求自己的利益尽可能对其他人的需要作出贡献，完全可以通过产权的概念来完成"，"但是涉及土地时，就会产生一些更为棘手的问题，在这方面，承认私人产权

---

① 事实上 18 亿亩红线的具体落实情况及可操作性都存在疑问。根据农业部统计，家庭承包经营耕地面积约 13 亿亩，但第二次全国土地调查发现全国耕地 20.3 亿亩。扣除农垦系统 9316 万亩（6211 千公顷）国有农场和新疆生产建设兵团 1867 万亩（1245 千公顷）耕地，农村集体所有的耕地仍有 19 亿亩。土地确权过程中不少地方发现农民承包耕地面积较之前大幅上升。例如，成都大邑县实际测量的承包耕地比原来登记的台账面积增加多出了 42%。转引自中金公司，《中国土地改革专题研究》，2014 年 11 月 27 日。

② 中国金融 40 人论坛课题组，《加快推进新型城镇化：对若干重大体制改革问题的认识与政策建议》，72 页，载《中国社会科学》，2013（7）。

原则对我们帮助甚小，除非我们清楚知道所有权所包括的权利和义务的真切含义"。① 也就是说，土地作为一种特殊的要素，即便在所有权、使用权、开发权等分离的情况下，只要能通过准确和详细的界定，并不会对土地交易尤其是使用权交易产生实质性的影响。典型的例子是英国，从法律上讲，英国所有的土地都属于国王，但随着历史的演变，国王的土地所有权逐步被虚化，而各种各样的土地的保有权（tenure）和地产权（estate）通过信托等制度逐渐被实体化。尽管名义上土地的所有权属于国王，但这并不影响英国在此基础上建立一个基于其他土地权利的交易市场。新加坡在城市化进程中，其私人土地所有权不仅没有推动工业化和公共住宅建设，反而是一个阻碍。从转轨国家的土地私有化结果看，匈牙利的农业在土地私有化之后反而严重受损，俄罗斯的土地交易市场在土地私有化后发展得也并不好，可见土地市场并不是"一私就好"的。无论是土地所有权还是使用权，只要有良好的权能界定和交易机制设计，都能建立一个有效的土地流转市场。当然，长期来看，农村土地所有权制度改革有其必要性，但考虑到当前农村土地分散，农民谈判能力较弱，过早改革土地所有制反而可能造成农民利益受损，使之面临与传统城镇化模式下一样的失地困境，以致于出现与拉美国家、印度等国家类似的大量贫民窟现象。特别是在改革土地所有制并允许自由交易条件下，城郊土地价值较高，溢价较高，而偏远地区土地价值较低，溢价较低，这会造成新的贫富差距和社会不公②。

---

① 哈耶克：《个人主义与经济秩序》，124页，上海，复旦大学出版社，2012。
② 中国金融40人论坛课题组：《加快推进新型城镇化：对若干重大体制改革问题的认识与政策建议》，67页，载《中国社会科学》，2013（7）。

（三）树立以土地当量为标准的动态占补平衡理念

占补平衡政策[①]自推行以来，在缓解各地土地需求与土地计划指标之间的矛盾方面起到了积极的作用，应该说是一个积极的改革创新，但也存在一些问题。

一是过去的占补平衡只注重土地面积而忽视土地质量。这样表面上看通过占补平衡耕地总量并没发生变化，但实际上大量优质耕地不断被劣质耕地蚕食置换。这是一种静态的占补平衡，没有体现土地的内在价值。因为，相同的土地面积，如果农田基础设施水平、环境保护等条件不同，其内在的市场价值自然不同。这里就需要引入土地当量的概念。土地当量类似于标准煤的概念，简单地说就是把各类具有不同粮食生产能力的耕地基于某一产出标准折算为标准值。如果对不同地域、自然条件和生产能力的土地进行统一计量、核算、评估和交易，采用这种标准化的统一计量，就可以更加科学、准确地推进耕地保护和占补平衡，也就可以把坚守 18 亿亩耕地红线的政策转变为坚守相当于 18 亿亩耕地所能确保的粮食产量的土地当量红线，实现土地当量的占补平衡。

二是占补平衡不应仅限于局部区域。我国重庆、成都等地开展的"地票"交易尝试，其之所以难成规模，一个重要原因就是这种"地票"交易试点囿于区域限制，而农村人口的城市化分布是全国性的，这就导致交易难以形成规模和不可持续，其价格自然也反映不了市场的真实供求关系。如果按照土地当量来计量的话，就具有了统一标准，

---

① 近年来，美国在一些地区进行的开发权转移（Transfer of Development Rights），把农业区域的土地开发权转移到城郊地区使用，以扩大耕地和农地保护，又解决了城郊土地开发权不足的问题，一些开发权的转移也是在跨区域间开展的。这与我国推行的占补平衡方案是类似的。见 Transfer of Development Rights Program, King County, Wshington, http：www.kingcounty.gov/environment/stewardship/sustainable - building/transfer - development - rights, aspx。

有助于按市场原则计价交易并形成统一市场,这样占补平衡可在全国范围内通过市场机制来优化配置,避免出现交易区域化所带来的问题。例如,沿海地区可以购买内陆地区的土地当量。另外,土地当量的核算基于土地的粮食生产能力,因此是有弹性的,可以通过加强农田和土地整治、改善农业基础设施、推进包括海洋科技、生物技术等在内的农业科技创新等提高土地产出,从而增加土地当量,并通过全国统一市场进行交易,这样在保障总体粮食生产能力不变的前提下,促进用地结构优化和建设用地供给增加。

六、土地供给制度改革方案设计

当前和未来一段时期,随着新型城镇化的推进,土地供需矛盾尤其城市工业和建设用地的矛盾势必会更加突出。以工矿业用地为例,目前我国城镇工矿用地已突破10万平方米,如按过去人均100平方米为新增城镇人口提供工矿用地,到2020年总量将达11.4万平方公里,远超国土资源部的控制目标。人的城镇化也需要大量的住宅建设用地,按照过去6年平均每年新增住宅供地10.3万公顷估算,2013~2020年,需新增住宅土地供应约82.4万公顷。即便考虑到容积率有所提升,到2030年也需新增150万公顷。若考虑到改善型住房需要,则需更多土地供应。因此,按照十八届三中全会明确的土地制度改革方向,下一步在设计土地制度改革时,应该将着力点放在土地供给制度方面,进一步加大土地有效供给面积,提升土地资源配置效率,实现土地供给规模与人的城镇化协调推进的局面。

(一)土地供给制度框架性改革设计

一是根据国家新型城镇化规划,明确近、中、远期建设用地规划及土地供给。现有的"挤牙膏"式招拍挂供地模式实际上是饥饿疗法,加剧了建设用地供需矛盾和土地使用者的行为扭曲,在很大程度上是土地浪费和土地价格高涨的罪魁祸首。很多这方面的研究也表明,土地管制限制了土地供给进而导致住房价格上涨。[①] 因此,应改变当前过于严格的土地供给管制,建立和完善基于新型城镇化长期目标的国土规划和空间用途管制,一次性地明确建设用地供给规划,以大幅改善城市土地供给,改变或缓解地价上涨预期,促进地价平稳下降。土地供给规划确定后,由国土管理部门组织实施,耕地的实际投放节奏取决于城镇化进程,已纳入规划、未投入建设的农地应当继续视为耕地并予以耕种。

二是建立土地供给指标与户籍制度联动机制。将城镇户籍人口与公益用地和建设用地等指标挂钩,根据每一年的城镇新增人口数量优化土地供给指标,对于吸纳新进城户籍人口较多的地区增加来年土地供应量,反之则减少土地供应量,以此推进人的城镇化与土地城镇化协调推进,建立城镇化正向激励机制。

三是建立18亿亩土地当量的动态占补平衡体系。将坚守18亿亩耕地红线转变为18亿亩标准土地当量红线,按全国总体土地利用规划将耕地占用指标按土地当量计量分配到各省份,形成配额并建立全国统一的配额一级市场和二级市场。一级市场即配额发行市场,由国家土地管理部门向各省份土地管理部门分配;二级市场即土地配额交易市场,可由各省份的国土管理部门和其他具有资格的投资者自由交易。

---

① Hannah, L., Kim, K. H. and Mills, E. S, *Land Use Controls and Housing Prices in Korea*. Urban Studies, Vol. 30, No. 1, 1993, pp. 147 – 156. Son, J. Y. and Kim, K. H., *Analysis of Urban Land Shortages: The Case of Korean Cities*, Journal of Urban Economics, Vol, 43, No, 3, 1998, pp. 362 – 384. Monk, S. and Whitehead, C. M. E., *Evaluating the Economic Impact of Planning Controls in the United Kingdom: Some Implications for Housing*. Land Economics, Vol, 75, No, 1999, pp. 74 – 93. Ihlanfeldt, K. R., *The Effect of Land – supply Restrictions, Development Strategies and Housing Policies: The Case in Hong Kong*. International Real Estate Review, Vol. 2. No. 1, 1999, pp. 143 – 159.

作为稀缺性资源，配额会在市场上形成均衡价格，并在交易中实现优化配置。各省份可根据需要购买或出售配额，从而实现地区间调剂，占补平衡可在全国范围内通过交易机制来实现。占多补少的地区可以通过二级市场的统一平台向土地当量富裕的地区购买土地当量指标。一些通过技术创新如中低产田改造和农田水利建设新增的土地当量，经认定后可在二级市场上市交易，以鼓励技术创新和资本投入。这样在突破城镇化发展较快地区的土地供给束缚的同时，也补偿了相对滞后地区的经济效益，促进了土地供给按照人口城镇化的空间和地理分布，提高了土地在全国范围内的集约利用，有利于促进各地区协调发展。

（二）方案一：建立城乡统一的土地交易市场，按公益用地和经营性用地实行区别化供地

缩小征地范围，可学习日本、我国台湾的做法，详细列举公共利益[①]征地的范围，不在此范围则不能强制征地。在符合规划的前提下，允许农村集体经营性建设用地出让、租赁、入股，实行与国有（地区所有）土地同等入市、同权同价。集体土地由村委会组织召开村民大会，按照一定投票原则（例如80%多数通过）后均可直接在土地交易市场挂牌出让；城市土地同样由发起人召集利益相关人按照多数通过原则后即可在土地交易市场挂牌出售；地方政府原有储备土地可根据土地供求需要自由在土地交易市场挂牌出售。公益用地以及经过多数

---

① 关于基于公共利益动用征收权的范围大致分为三类：第一类以美国、加拿大、德国、澳大利亚为代表，公共利益是一个广义的概念，并没有对其范畴进行明确的限定，但通过立法或其他法律程序对政府的征收权进行严格的限制。第二类是用列举来明确限定公共利益的范畴，如日本、韩国、印度、我国台湾地区等。第三类公共利益既是个广义概念，同时有没有相应的法律对征收权进行限制，政府自身有很大的裁量权，如中国、俄罗斯和一些中亚国家。

原则通过后的挂牌土地一旦成交后，也应属于政府强制征地的范围[①]。为减少腐败和暗箱操作，所有土地交易价格等情况应由土地交易市场及时向公众公布，并接受监管部门和公众的监督。同时，建立兼顾国家（或地区）、集体、个人的土地增值收益分配机制，合理提高个人收益[②]。对于集体土地的出让收益，地方政府、集体、个人可按照20%、10%、70%的比例分享土地出让收益，更多地向个人倾斜，同时，地方政府还需提供失地农民在征地城镇户籍、社会保障等配套安排；对于城镇土地，补偿的上限是征收土地在土地交易市场的交易价格，下限是被征收者在被征土地附近购置同样面积的土地及地上财产所需的金额，地方政府可征收上限与下限之间差额的50%作为土地公共基金用于补贴财政支出，剩余50%仍归被征收者所有。

（三）方案二：改革土地招投标拍卖制度，按零地价或低成本价供应土地

改变过去城市政府一次性获得卖地收益的做法，切断土地财政利益链条，政府不再卖地，而是按零地价或低成本（以下简称零地价）供地；成本价为购地价加政府前期投入费用，以及少量的（如5%）的土地溢价，收益归地方财政持有。零成本供地所造成的土地拆迁补偿资金缺口，地方政府可通过发行市政债以及项目建成后产生的税费收益进行偿还。这些税费收益包括财产税（房地产税）、公用/基础设施使用者付费、商业繁荣后形成的各种税收增收等。零地价供地并不意味着土地无偿使用，而是将过去一次性收取改为未来长期逐年收取。

[①] 强制性的目的主要是为了防止在没有强制性为后盾或威慑的情况下，部分土地使用人利用土地的整体性和外部性，为谋求自身利益最大化时损害社会公众利益。

[②] 我国《土地法》规定：国家依法征用集体土地，按照被征用土地的原用途给予补偿，包括土地补偿费、安置补助费以及地上附着物和青苗的补偿费。征用耕地的土地补偿费为该耕地被征用前3年平均年产值的6~10倍。国有土地出让价远远高于集体土地补偿价，中央到地方的各级财政在将集体所有的土地征用变为国有土地时从集体土地中转移了巨额的价值。

这样，项目建成后的销售价格不包含地价，从而可使房价在短期内大幅下降，对已建成但未出售的房地产项目退还其已投入的土地购置成本。同时，持有者购房后每年需按房产市场价格的一定比例缴纳房产税，市场机制会将未来房产税折现，抵扣当前购房价，从而降低现付房价。从总的负担水平来看，购房者一生承担的住房总费用可能仍较高，但初期购房成本将大大下降。这一模式的合理性还在于，随着人均GDP持续增长，购房者未来支付能力会不断提高，其收入和支出的现金流可以相匹配。同时，城市建设水平的提高、公共服务的改善以及商业活动的繁荣可为城市政府带来不断增长的税费收入，提高其偿债能力，从而为政府下一步的城镇化建设及其资金投入提供了激励相容、可持续的良性发展机制。此外，还要通过市场机制，鼓励更多的社会资金投入城镇化建设，以解决好城镇化投入产出的期限匹配以及成本收益的风险管理问题。在这方面，金融市场可以发挥有效作用。[①]

按成本价供地可大幅降低商业房地产价格，通过在未来分摊土地使用成本，使商业性房产更具有可承担性。经营土地不再是地方政府的直接收入来源，切断了"土地财政"链条。零地价供地存在的一个问题是，在价格机制并不明显的条件下，如何有效分配土地资源？即土地分配给谁、如何防止分配过程中的寻租和腐败行为，以及是否会导致无序要地。对此，可以成立评审委员会，对公益用地项目的规划、设计所反映的各项指标进行综合评审，进行公开听证并公示公告；对于商业项目，在零成本供地的同时，对项目建成后的出售价格进行限价招标，例如房地产开发项目由未来房价最低的开发商获得土地开发权，并严格规定和限制相关建设标准，防止偷工减料等行为，通过在需求端发挥价格机制的作用，提高土地配置效率，防止土地供给中的腐败

[①] 周小川系统阐述了城镇化的市场融资模式。参见：周小川：《城镇化及其融资问题》，《比较》，第55辑，中信出版社，2011。

行为。由于相关税费的开征,未来房产等的保有成本会比较高,从而会遏制无序要地及囤房等行为。

(四) 方案三:卖地收入归中央所有

除征地成本外,地方政府所得的卖地收入一律上缴中央政府[①],以避免地方政府过度依赖卖地收入。在具体操作上可采取逐步过渡的方式,初期按一定比例上缴,分成比例也可以考虑城市类型差别。用中央分成的土地出让金建立城市土地平衡基金,基金用于鼓励城市发展保障房以及多层次房屋市场。此方案对现行征地制度变动较小,但土地价格不一定能够下降,而且会增加中央政府和地方政府之间的协调成本。此外,地方政府事权和财权不匹配的问题可能会加剧,中央政府和地方政府之间信息的不对称也可能会影响政策的效果。

七、资金来源的配套改革

无论是原有的城镇化供地模式,还是按照上述几种改革方案,未来城镇化建设都面临着较大的资金束缚。地方政府"卖地"收入会大幅降低或不复存在,此外,城镇化过程中财政的支出可能还会增加,如保障粮食供应能力的资金投入,对农民放弃土地进城后的就业、教育、医疗、养老等方面的社会保障等,预计2013~2030年,每年城镇化成本(包括基础设施投资和运营维护支出、保障房、公共服务支出)

---

① 卖地收入全部上缴中央财政早有先例。1989年至1998年有关国有土地有偿出让收入中央与地方分成比例共调整了7次。其中,分成比例出现了两次极端情况,第一次是1993年12月15日规定土地有偿出让收入全部归地方政府,第二次是1997年4月规定新增建设用地的土地收益全部上缴中央。1994年1月1日,我国实行分税制预算管理体制,将与土地有关的税收及国有土地有偿使用收入全部归地方所有。到1997年4月,分成关系发生了大幅转变,改为新增建设用地的土地收益全部上缴中央。1998年8月,我国《土地管理法》将分成比例又变为新增建设用地的土地有偿使用费,30%上缴中央财政,70%留给有关地方政府。

平均占GDP比重为6.1%，累计需要超过70万亿元的资金。在经济增长进入新常态，转方式调结构任务仍然艰巨的情况下，地方财政显然难以负担如此大的资金压力。这会限制地方政府增加土地供给的积极性并减少土地供给，与加大土地供给的改革初衷不符。因此，必须建立和完善地方政府可持续的市场化融资机制，一方面配合推进新型城镇化战略的实施以及有关土地制度改革的推进，使地方政府获得稳定可持续的城镇化资金来源，以便将精力更多地放在做好规划、监管和提供公共服务方面，形成有效的激励约束机制。从国际经验来看，"市政债+房产税"模式是一个典型并可行的做法。

（一）发行市政债

市政债起源于19世纪20年代的美国，自20世纪70年代后在美日欧等发达国家逐步兴起。20世纪90年代以来，俄罗斯、波兰、匈牙利、捷克等转轨国家也大量发行市政债支持城市基础设施建设。目前，印度、印尼等发展中国家也开始发行市政债为城市建设融资，市政债在各国城市的发展中发挥了重要的作用。当前我国地方政府发行市政债还存在法律上的障碍，我国《预算法》明确规定，地方各级预算按照量入为出、收支平衡的原则编制，不列赤字；除法律和国务院另有规定外，地方政府不得发行地方政府债券。在法律尚未修改的情况下，这种障碍可以通过变通的方法设计相关产品，如项目型地方政府债券等方式来实现。事实上，当前部分城投债就是基于这个原理。从长远来看，应尽快修订我国《预算法》，允许地方政府发行市政债。从可行性来看，我国当前和未来一个时期仍将保持较高的储蓄率，利率市场化等改革也在深入推进，金融市场的发行、交易、登记托管、清算、评级、征信系统等基础设施和相关制度也逐渐成熟，无论是资金来源上还是市场机制上，都具备支撑市政债大规模发行的基本条件。① 已经开展的财政部代地方政府发债、上海等地方政府自行发债等探索，一些城投债在某种程度上也已与市政债比较接近。

（二）设立房产税或财产税

在城市政府无从获得卖地收入且财政能力有限的情况下，允许地方政府发行市政债，其偿付能力即土地开发项目未来所带来的现金流，包括可稳定征收的财产税、公共设施及服务的使用者付费、商业繁荣后带来的各种税收增收等。设立房产税（或财产税）② 是国际上的成熟经验和普遍做法。从税源和事权的一致性，以及尽可能地减少对已有税种、税基冲击等角度考虑，房产税是相对适宜的地方主体税种，而且房产税按存量计征，稳定性上受当期 GDP 流量的直接影响较小，也不会对当期 GDP 增长带来冲击。房产税的征缴范围应包括所有商业性房产持有者（包括工商业房产），每年按房产即期市场价格的一定比例向城市政府缴纳房产税。对保障房以及其他公益性房产，则不征收房产税。房产税宜实行"新老划断"，以城市为单位、按统一税率原则征收，尽快覆盖主要城市。利用即将启用的不动产登记统一平台，建立完整的数据库及价值评估体系。对于已经建成但未出售的商业性房产，可退还其已投入的超过成本价的土地购置费用，出售后持有人须缴纳房产税。对于购买时已经包含了土地购置费的商业性房产，可不缴纳房产税。但其房产出售时，政府可退还其购房时交纳的土地购置

---

① 在经济减速背景下，未来地方政府的偿债能力可能受影响。但从国外实践经验来看，即便城镇化进程放缓或城市发展趋于成熟，市政债仍可运转。关键是这一融资行为是市场化的，其本身应具有商业可持续性，如没有商业可持续性，发债规模必然缩小，直至与其偿债能力相匹配。

② 我国上海、重庆开展的房产税试点中暴露出了一些问题，主要是征税范围偏小、征收对象有限、税率偏低、税收负担过轻，以及不动产的登记、计量、监测体系不健全等，试点改革实际效果并不显著，制度建设意义远大于实施效果。

费用。新购入的物业持有者须按房产的市场价值作为计税依据缴纳房产税。在缴纳房产税条件下，城市土地不再保留70年的使用权年限，可永久持有。

（三）配套机制建设

包括：加快推动地方政府编制中长期资本预算，以明确作为债务主体的城市政府未来还款保障，同时强化地方人大的监督权，解决"新官不理旧账"问题；建立健全防范过度负债的监测指标和预警管理体系；强化信息披露监管，对有地方政府支持的债务融资，必须披露财政收支信息；加快市场化评级体系建设，对市政债的风险和价格作出合理评价等。

八、结语

基于新型城镇化背景，本文围绕土地供给制度提出了框架性的改革设计：明确近、中、远期建设用地规划及土地供给，建立土地供给指标和户籍联动机制，建立18亿亩土地当量的动态占补平衡体系。在框架性改革的基础上，设计了三种改革方案：一是建立城乡统一的土地使用权交易市场，按公益用地和经营性用地实行区别化土地供给；二是改革土地招投标拍卖制度，按零地价或低成本价供应土地；三是卖地收入归中央所有。

总体来说，第一种方案相对中规中矩，是在现有制度基础上进行的市场化方向的循序渐进式改革，较易取得改革涉及的利益方的共识，实现土地资源的市场化配置；第二种方案是一种大胆的设计，对现有制度和市场原则有较大的突破，它的优点是能够在短期内有效降低土地价格，但改革涉及新老划断、防止寻租和腐败等问题，可能需要相关的制度安排，但我们认为这仍不失为一个具有启发性的思路；第三种方案对现有制度的变动最小，但增加了中央和地方之间的协调成本，其扩大土地供给和降低土地价格的效果与前两种方案相比可能也不具有优势。三种方案均需要以"市政债+房产税"的模式来提供可持续的城镇化资金保障，而这种资金保障机制的建立客观上也要求对金融市场和财税体系进行相应的改革。因此，土地制度改革是一个系统工程，牵一发而动全身。这些改革既需要我们凝聚各方智慧，也需要有大胆创新、敢于实践的勇气，并以时不我待的紧迫感推动有关改革加快实施。

第七章
新型城镇化和土地制度改革

钟伟

摘要

中国土地制度特殊性体现为城乡二元土地所有制结构、分类土地管理以及土地流动限制。土地制度决定了城市土地的价值大大高于农村土地，农民无法享有土地的真实价值。土地制度的改革必须在一定程度上打破原有的土地制度，核心在于实现集约高效的土地流转。土地制度的核心在于土地的产权安排，不论土地的归属是属于国家还是属于农民集体所有，如果能够以股权的形式确定土地所有，那么就可以确定最终土地利益的归属，土地流转问题也将迎刃而解。土地流转追求土地利用的集约高效，这种集约高效体现在三方面：一是建立在自然资源和不动产登记制度之上，土地流转可以在省际之间进行，推动土地占补权的跨省交易机制。二是基本农田总体上在流转中不变更用途，但变更流转对象的改革，使城市资本和企业家进入农业生产领域。三是宅基地，集体用地，工业园区用地等视土地特性在流转中变更用途，简化土地使用权证的类型和流转限制。

土地改革牵一发而动全身，是十八届三中全会的重点改革领域，推进土地改革我们建议：第一，建立土地等资源的大部制和大数据系统；第二，引入省际间占补平衡的土地权益流转交易机制；第三，探索城乡间就基本农田流转的农业产业化流转机制；第四，探索工业用地、集体土地、宅基地等的流转机制；第五，试点贫瘠荒漠土地的拍卖和开发机制；第六，试点岛屿和渔权的拍卖和开发机制。

一、土地改革是新型城镇化的基础改革

新型城镇化是围绕人的城镇化，尤其是农民的城镇化，即城乡融合问题。其中，土地改革是推动新型城镇化和农业现代化的必要条件，是最基础的改革。

（一）新型城镇化是围绕"三农"的城镇化

2014年3月，《国家新型城镇化规划（2014—2020）》明确提出城镇化发展目标："城镇化水平和质量稳步提升。城镇化健康有序发展，常住人口城镇化率达到60%左右，户籍人口城镇化率达到45%左右，户籍人口城镇化率与常住人口城镇化率差距缩小2个百分点左右，努力实现1亿左右农业转移人口和其他常住人口在城镇落户。"

新型城镇化是围绕人的城镇化，尤其是农民的城镇化，即城乡融合问题。十八届三中全会决定将农业现代化和城镇化战略定义为健全城乡发展一体化体制机制。新型城镇化需要改革的内容很多，包括放

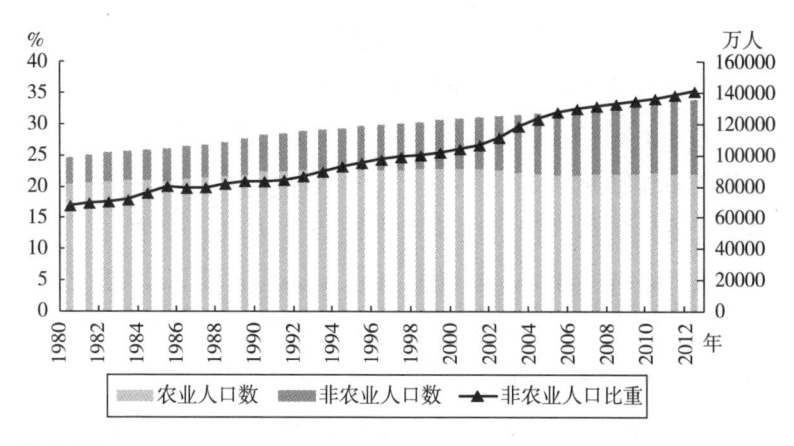

资料来源：WIND。

图1　户籍人口统计下的非农人口和农业人口情况

开户籍制度限制，使更多的农民从农村向城市转移；推进公共服务的均等化等。其中关键在于加速经济结构转型，通过服务业吸收农村劳动力。

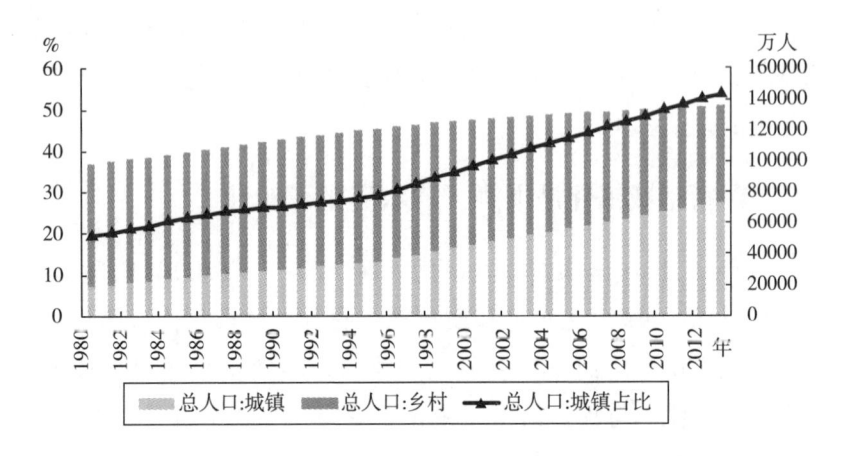

资料来源：WIND。

图 2 城市化率情况的变化

（二）新型城镇化是改善公共服务的城镇化

经济学理论上认为公共产品具有规模效应，使用的规模越大边际成本越低。城市具有人口聚集的作用，因此公共产品在城市应用的边际成本远远低于农村，这也是城市享有大量硬件基础设施，而农民享受的公共产品和服务不足的重要原因。

整体来看，城市的硬件基础设施建设大大领先于农村。水、电、燃气、通讯、网络、道路等硬件基础设施的建设都以围绕城市为主。城乡固定资产投资的数据差异极其显著，以 2013 年为例，城市固定资产投资完成额超过 40 万亿元，几十倍于农村固定资产投资完成额。1990 年以来，城市固定资产投资增速远远高于农村固定资产投资增速，三十多年的积累使城市和农村在固定资产的存量上出现巨大差异。

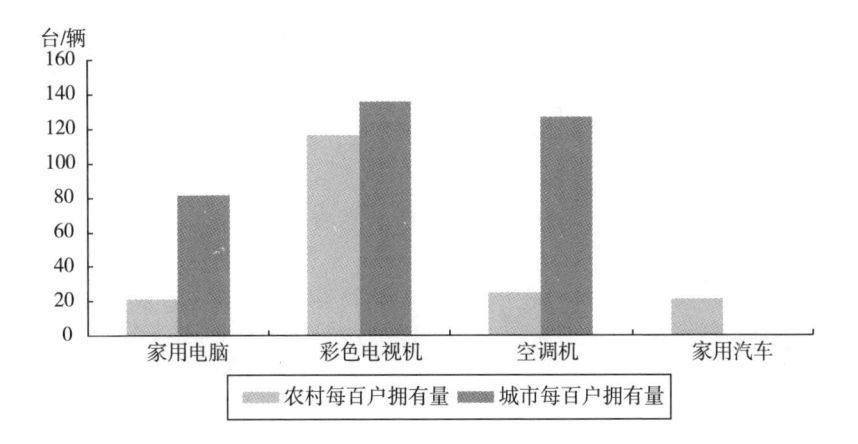

注：城市家用电脑数为2011年数字。
资料来源：WIND。

图3　城乡耐用消费品差异（2012年）

除了硬件公共设施以外，城乡基本公共服务也存在很大差异，基本公共服务一般是指居民在社会保险、教育、就业、养老、住房、健康、文化等领域的制度性安排。以社会保障为例，我国城乡的社会保障差异非常显著，已经成为了制约城乡一体化发展的重要因素。当前国内养老保险的体制分为城镇职工养老保险、城镇居民养老保险、新农保。其中城镇职工养老保险的水平远远高于城镇居民养老保险和新农保，前者和后二者的退休金差异数倍甚至十数倍。

表1　　　　　　　　　　**城市和农村保障体系差异**

保障项目		城市	农村
	养老保险	普遍建立	初步建立，覆盖率低
	医疗保险	普遍建立	普遍建立
社会保险	工伤保险	普遍建立	无
	生育保险	普遍建立	一些地区实行
	失业保险	普遍建立	无
社会福利		职工福利；公办福利；教育福利	公办福利；教育福利
社会救助		城镇居民最低生活保障制度	农村最低生活保障制度，扶贫开发
补充保障		企业年金，商业保险	少量商业保险

资料来源：自行整理。

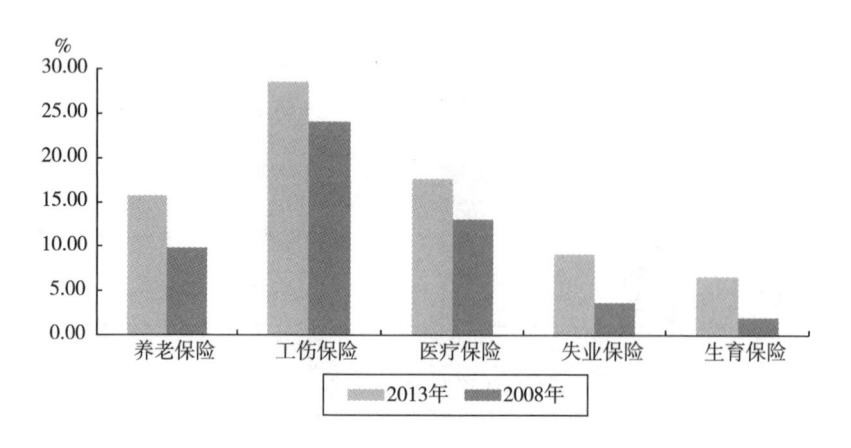

资料来源：WIND。

图4 外出农民工参加社会保障比例

要想缩小群体之间公共服务的差异，除了加大财政转移支付等投入之外，应实现更多的农民离开土地进入城市，城市则需要向转移的农民提供更多的工作机会，同时去除由于户籍制度的原因加在农民和城市居民之间的公共服务的差异。

（三）新型城镇化是农业产业化的城镇化

目前中国农业仍以家庭为生产、消费和销售单位，这导致农业领域的资本投入，技术投入和产业化程度不足，而土地作为农业生产的核心生产资料，必须实现其应有的规模效应。

中国现行土地制度缺陷在于三个方面：一是现行土地制度下土地流动受困，从而导致碎片化土地分布零散，制约土地规模化经营、农业技术创新以及现代农业发展，并最终导致农业经营效率低下；二是现行集体土地产权缺损以及土地流转限制导致农民无法完整兑现土地权利，并在土地流转过程中收益分配处于被动地位；三是经营效率低下的农业经营效率和扭曲的农民收益，最终阻碍我国新型城镇化和农业现代化进程。

(1) 土地碎片化降低土地经营效率

现行农村家庭联产承包责任制下农地分产到户，经营方式分散，而土地流转限制固化分散的小规模经营。因此，我国耕地规模经营无法实现，最终导致农业生产效率低下。自20世纪90年代以来，我国农业增加值水平一直处于低位，农业发展不论是产量还是投入和效果上均显落后。

农业效率提升一方面有赖于规模经营及机械化运作方式，另一方面有赖于农业技术创新应用。自1985年以来，我国农业机械化生产程度低，以略高于中低收入国家农业机械化程度开展农业生产。20世界90年代以后，随着其他中低收入国家的农业化程度提升，我国农业机械化生产程度甚至低于中低收入国家，仅高于低收入国家的农业生产机械化水平。而这一局势直到2006年才有所改善，中国机械化程度接近全球平均水平。农业技术创新以节约农村劳动力为核心，小规模、分散化的农地经营无法为农业技术创新应用提供空间。技术创新也有赖于资本投入，但土地的分散极大地限制了资本的投入，这也是中国农业技术水平远远落后于工业技术水平的关键因素。

(2) 农村集体土地产权缺损导致农民收益受到制约

我国农民对农村集体土地的收益权和处分权方面存在残缺，从而导致现行土地制度①，尤其是土地市场垄断机制下，扭曲农民收益分配且令土地价值无法得到完全体现。

目前，农户在土地流转市场中处于被动地位，不得不接受远低于市场价值的土地"补偿价格"，而在整条土地征收和流转链条中，收益中的绝大部分流入政府部门以及房地产商。究其原因是我国政府是征用农村具体土地并转变为国有城市土地的唯一合法枢纽，进而成就政

---

① 产权以所有权为基础，并非单一权利，通常为一组权利束，可以分解为所有权、经营权、收益权、转让权、租赁权抵押权、股权、债权等诸项权能。简而言之，一个完备的产权束包括占有权、使用权（也为经营权）、收益权和处分权四大基本权能。

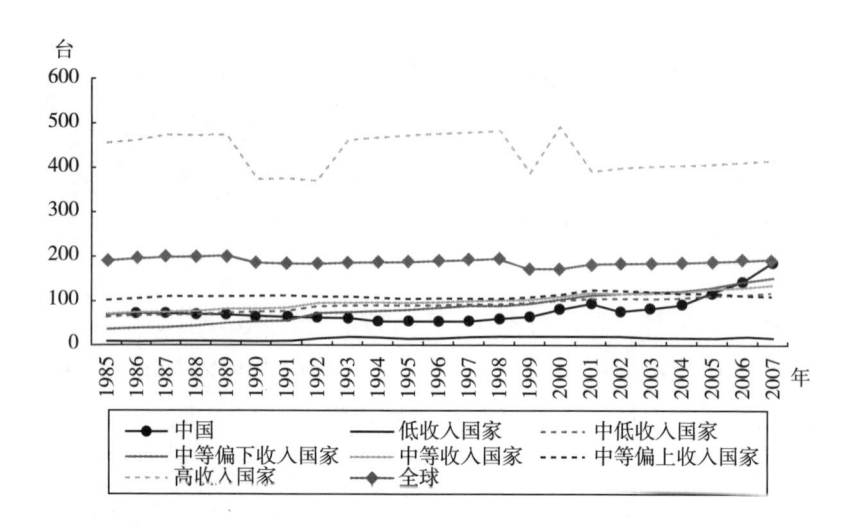

资料来源：WIND。

图 5　农业机械化生产依然偏低（每 100 平方公里耕地拖拉机数量）

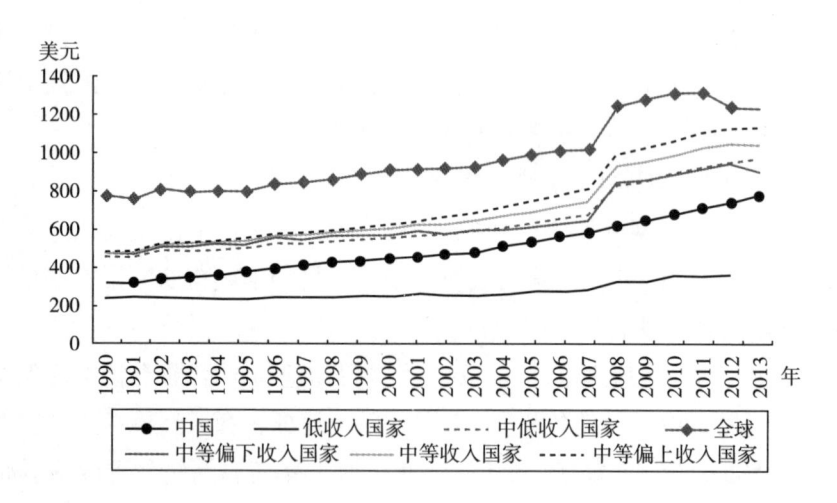

资料来源：WIND。

图 6　中国农业产值变化和比较

府在土地一级市场中的垄断地位，因而土地流转中分配农民的"补偿价格"并非市场化价值，而是垄断操纵下的扭曲价值。现有财税制度令政府在"财政幻觉"刺激下过度征收农村土地,滋生土地财政和政府腐败,从而进一步恶化土地流转过程中的农民收益分配。

因缺乏真正的收益权和处分权,土地流转限制下的农村土地价值无法得到完整体现,土地价值被严重低估。土地流转过程中往往伴随权利确认不清、缺乏具有真正约束力的正规合同签订,致使即便土地流转勉强完成,由于缺乏对产权完整获取的预期,农村土地承包者往往采取短期化经营行为,破坏土地长期使用价值。

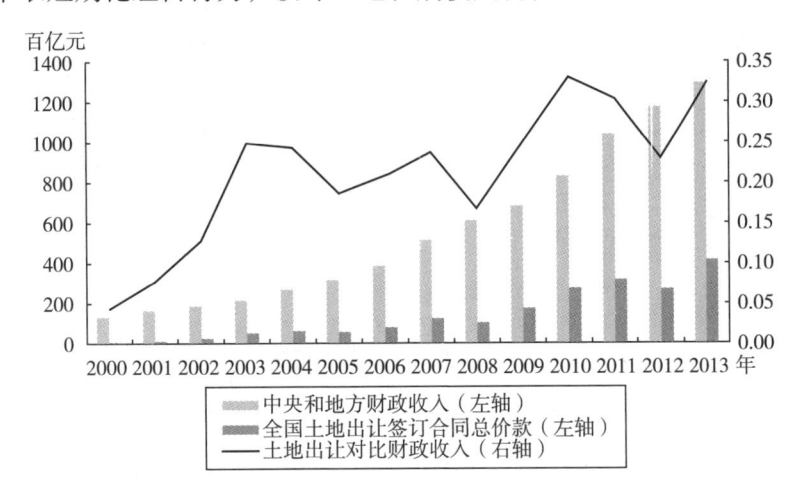

资料来源:WIND。

图7 土地转让收入占政府财政收入比重很高

(3) 城市化进程受阻

中国现行土地制度导致一方面土地分散化和碎片化下的农业生产率低,大量土地"撂荒",农村第一产业"空心化";另一方面城镇化进程缓慢,出现大量游离在城市户籍之外的流动人口。后者固然与户籍制度等其他约束条件有着莫大的联系,但不可否认的是,农民从事农业生产的收入与进城务工收入之间的差距是吸引非城市户籍人口流动的重要原因。土地"撂荒"与伴随大量非城市户籍人口流动的"中国特色"城市化,在一定程度上反映了现行土地制度下的经济发展扭曲。

要想推动并完成新型城镇化建设，土地制度的改革是必不可少的，否则农民进城和农民工更好地融入城市都无从谈起。

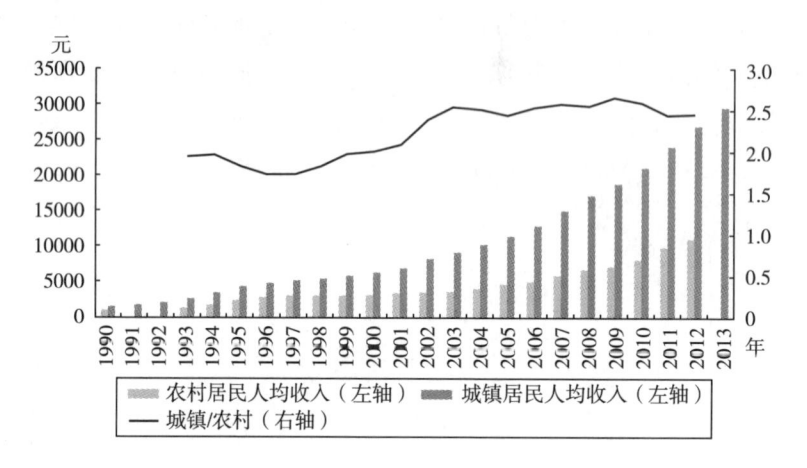

资料来源：WIND。

图8　中国城乡收入差距很大

二、土地制度改革的重心在于集约高效的土地流转

（一）我国土地制度安排现状

土地制度内容是指土地产权结构的总和，即为土地所有权和使用权在不同制度框架下的安排。任何一项产权结构包括产权的"所有状况（公有产权和私有产权）"、"分割状况（使用权、收益权和转让权）"、"管理状况（财产规则、责任规则和不可转让规则）"，因而土地制度分为土地所有权制度、土地管理权制度。中国土地制度特殊性体现为三个方面，分别为城乡二元土地所有制结构、分类土地管理以及土地流动限制。

(1) 城乡二元土地所有制结构

《中华人民共和国宪法》规定"城市土地属于国家所有。农村和城市郊区的土地，除由法律规定属于国家所有的以外，属于集体所有；宅基地和自留地、自留山，也属于集体所有。国家为了公共利益的需要，可以依照法律规定对土地实行征收或者征用并给予补偿"，继而从根本上界定了我国土地制度基础，即为城乡二元所有制结构：城市土地属国家所有、农村土地属集体所有。任何单位和个人进行建设，必须依法申请使用国有土地，且通过"有偿出让"的方式获得土地使用权，其中国家垄断土地使用权一级市场交易。农村土地属于集体所有，主要供给农业用地、农村建设用地等。现行农村集体土地下土地所有权和承包权以及承包权带来的土地使用权三权分离，这是我国农村集体土地制度最大特征。

中国现行土地制度的"二元"性质体现在以下几个方面：第一，城乡土地产权不对等，国有土地可以在一级市场交易；而农村集体土地产权没有完整的物权属性，其权益无法在一级市场实现，只能通过征收转为国有。第二，城乡土地分割，农村集体土地与城市国有土地之间唯一的转换窗口为政府征地。第三，农村土地产权缺失，包括产权主体指代不明；产权不完整，农民集体不能充分行使土地权利，土地财产权严重不足；产权缺乏有效的实现途径和保护机制。

(2) 分类土地管理，土地流转极其有限

我国现行土地存在两种分类方法，第一种是按照《中华人民共和国宪法》规定的土地所有权结构，将我国土地分为集体所有的农村土地和国家所有的城市土地。第二种是按照《中华人民共和国土地管理法》规定的按照土地用途的分类，将我国土地分为农用地、建设用地和未利用地。

按照我国目前存在的两种土地分类方法，土地流转对应有两类：一类是不同所有权性质的土地流转，另一类是不同用途的土地流转。

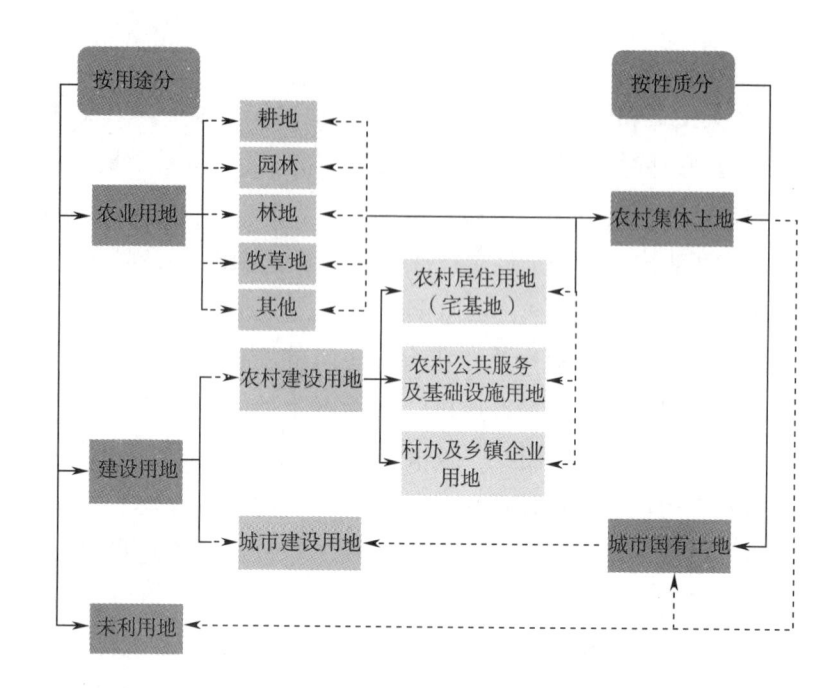

注：根据国土资源部 2001 年《全国土地分类》绘制。
资料来源：根据公开资料整理，平安证券研究所。

图 9　中国两种土地分类方式及相互关系图

首先，从土地所有权性质分类来看，农村集体土地向城市国有土地流转主要包括农业用地和农村建设用地向城市建设用地的流转，政府征地是农村集体土地向国有城市土地流转的唯一合法途径。其次，从土地用途分类来看，现行土地制度下允许的土地流转主要包括未利用地向农用地和建设用地的流转、农用地向建设用地的流转、建设用地向农用地的流转等，此外还包括农业用地内部流转等。

（二）混合所有制可适用于土地制度改革

土地制度的核心在于土地的产权安排，不论土地的归属是属于国家所有还是属于农民集体所有，如果能够以股权的形式确定土地所有，

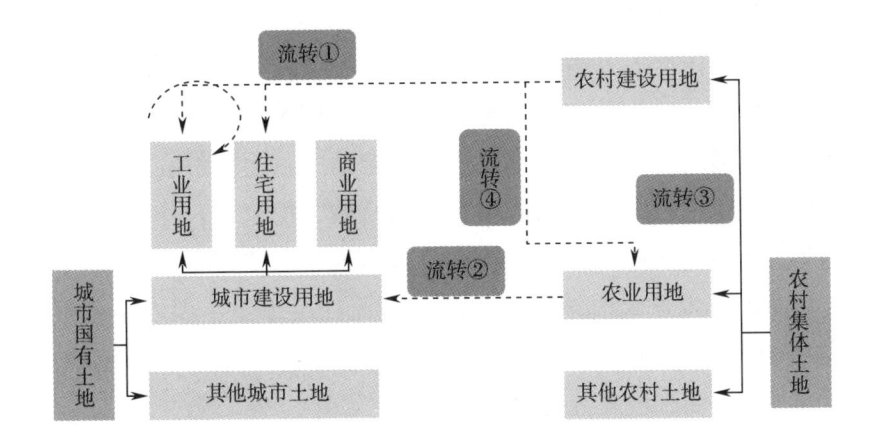

资料来源：根据公开资料整理，平安证券研究所。

图10　已有的土地流转模式

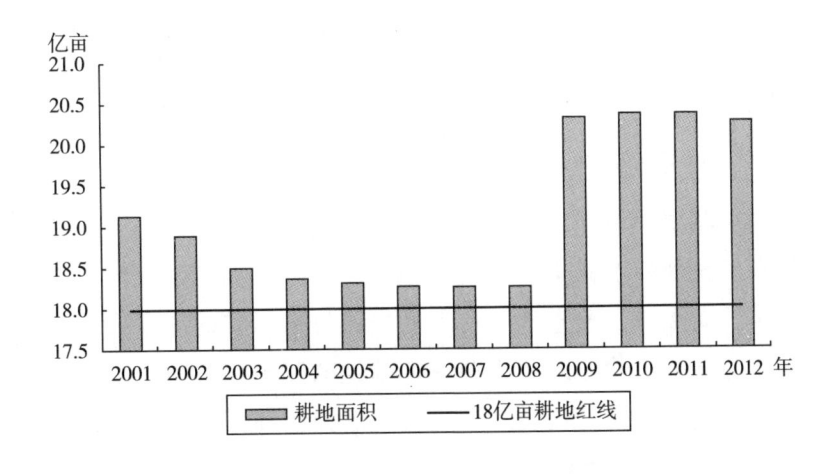

资料来源：WIND，平安证券研究所。

图11　中国耕地面积情况

那么就可以确定最终土地利益的归属，土地流转问题也将迎刃而解。

（1）土地制度改革现状：所有权基本不动，经营权适度流转，地方先行先试当前改革土地所有权制度不具备必要性和可行性。从必要性方面来看，产权为内涵多方面权利的"权利束"，所有权只是其中一种。所有权可与经营权、收益权等其他权利分离。理论已证明，产权界定远比产权所有形式更为重要，只要产权界定清晰，就能够在较大程度上避免产权实施过程中的交易成本。从可行性方面来看，作为一项基本制度，土地制度改革将深度影响社会各方面。历史经验已经证明，未经良好设计的激进式改革极容易爆发全面社会矛盾，引发不良后果。目前中国经济增速回归"新常态"，在此关键转型时期，推行土地所有权制度改革需面临极高社会风险，因此不可行。

自2003年实施《农村土地承包经营法》以来，我国政府就不断强调土地制度改革中的促进土地使用权（以为经营权）流转的基本态度。将土地所有权、承包权和经营权分离，即三权分离是未来土地改革走向的核心。经营权可流转最重要的前提是完成确权颁证的过程，首先是明晰产权，然后才是分离经营权。农村土地分三类，农村集体建设用地，宅基地和农地。改革试点农村建设用地和宅基地在前，农地在最后。相对而言，农村集体建设用地的产权归集体所有，可能能够以股份制的思路界定清楚农村集体建设用地的产权，从而进一步实现流转。特别以城郊的农村集体建设用地为例，一旦拥有了流转权，土地的价值将大大提升，给土地所有者的农民带来真实的资金回报。宅基地房地难分，确权颁证以后将明确宅基地的归属，有助于有两套房以上的农民对宅基地进行流转。农地改革股田制和信托制等方式正在创新试点，能否大规模推行尚待验证。

表2 土地流转的政策变化

时间	政策基调表态
2003年	《农村土地承包经营法》 第一次明确规定了土地使用权可以依法流转。

续表

时间	政策基调表态
2007年	十七大 按照依法自愿有偿原则,健全土地承包经营权流转市场,有条件的地方可以发展多种形式的适度规模经营。
2008年	《关于切实加强农业基础建设进一步促进农业发展农民增收的若干意见》 按照依法自愿有偿原则,健全土地承包经营权流转市场。农村土地承包合同管理部门要加强土地流转中介服务,完善土地流转合同、登记、备案等制度,在有条件的地方培育发展多种形式适度规模经营的市场环境。坚决防止和纠正强迫农民流转、通过流转改变土地农业用途等问题,依法制止乡、村组织通过"反租倒包"等形式侵犯农户土地承包经营权等行为。
2009年	《关于促进农业稳定发展农民持续增收的若干意见》 建立健全土地承包经营权流转市场。土地承包经营权流转,不得改变土地集体所有性质,不得改变土地用途,不得损害农民土地承包权益。坚持依法自愿有偿原则,规范土地承包经营权流转。鼓励有条件的地方发展流转服务组织,为流转双方提供信息沟通、法规咨询、价格评估、合同签订、纠纷调处等服务。
2010年	《关于加大统筹城乡发展力度进一步夯实农业农村发展基础的意见》 加强土地承包经营权流转管理和服务,健全流转市场,在依法自愿有偿流转的基础上发展多种形式的适度规模经营。严格执行农村土地承包经营纠纷调解仲裁法,加快构建农村土地承包经营纠纷调解仲裁体系。按照权属明确、管理规范、承包到户的要求,继续推进草原基本经营制度改革。
2012年	十八大 加快发展现代农业,增强农业综合生产能力、坚持和完善农村基本经营制度,依法维护农民土地承包经营权,培育新型经营主体,发展多种形式规模经营,构建集约化、专业化、组织化、社会化相结合的新型农业经营体系。

续表

时间	政策基调表态
2012 年	《关于加快推进农业科技创新持续增强农产品供给保障能力的若干意见》 按照依法自愿有偿原则，引导土地承包经营权流转，发展多种形式的适度规模经营，促进农业生产经营模式创新。加快推进农村地籍调查，2012 年基本完成覆盖农村集体各类土地的所有权确权登记颁证，推进包括农户宅基地在内的农村集体建设用地使用权确权登记颁证工作。
2013 年	2014 年中央 1 号文件 稳定农村土地承包关系，引导农村土地承包经营权有序流转，鼓励和支持承包土地向专业大户、家庭农场、农民合作社流转，发展多种形式的适度规模经营。结合农田基本建设，鼓励农民采取互利互换方式，解决承包地块细碎化问题。探索建立严格的工商企业租赁农户承包耕地（林地、草原）准入和监管制度。规范土地流转程序，逐步健全县乡村三级服务网络，强化信息沟通、政策咨询、合同签订、价格评估等流转服务。加强农村土地承包经营纠纷调解仲裁体系建设。
2013 年	《关于加快发展现代农业进一步增强农村发展活力的若干意见》 用 5 年时间基本完成农村土地承包经营权确权登记颁证工作；鼓励和支持承包土地向专业大户、家庭农场、农民合作社流转，发展多种形式的适度规模经营；努力提高农户集约经营水平；大力支持发展多种形式的新型农民合作组织；培育壮大龙头企业。
2014 年	习近平在深改会上的讲话 1. 深化农村土地改革，要尊重农民意愿，不能搞强迫命令和行政瞎指挥； 2. 探索赋予农民更多财产权利； 3. 构建新型科技管理体系，避免重复申报和资助； 4. 主动听取各方意见，是什么问题就解决什么问题。

资料来源：自行整理。

（2）土地制度改革未来：引入混合所有制

十八届三中全会决定提出，保护产权和发展混合所有制同样适用于土地改革。在土地改革中引入混合所有制的概念，核心是将农民集体所有和国家所有的土地真正意义上统一起来。当前中国土地的级差地租部分来源于土地的所有权属性，部分来源于土地用途，混合所有制的意义就在于长期来看可能消除土地所有权属性的差异，将股权的同股同权的概念转化为土地的同地同权。

从土地改革的推进先后来看，农村集体建设用地的流转试点阻力相对较小，集体建设用地转让（含土地使用权作价出资、入股、联营、兼并和置换等）、出租和抵押等形式自发流转其使用权的行为已经在各地屡有发生。推行混合所有制，意味着农村集体建设用地和城市建设用地作为不同所有制属性的土地可以合并利用，也同样意味着农地的改革在流转对象的放开上可以范围更广一些，只有真正引入产业资本，才能有真正意义上的农业现代化。

（三）土地流转追求土地利用的集约高效

土地流转改革的目的是最终实现土地的集约高效利用，这不仅仅关系到农民土地红利的释放问题，还关系到作为生产资料的土地能否最终实现全面市场化资源配置的问题。

土地的集约高效体现在三方面：一是建立在自然资源和不动产登记制度之上，土地流转可以在省际之间进行，推动土地占补权的跨省交易机制。二是基本农田总体上在流转中不变更用途，但变更流转对象的改革，使城市资本和企业家进入农业生产领域。三是宅基地、集体用地、工业园区用地等视土地特性在流转中变更用途，简化土地使用权证的类型和流转限制。

我们倾向于认为，农地在流转过程中不应改变用途，但应鼓励形成跨区和跨省的交易机制。土地资源的用途在省际间应根据各省经济的差异化条件实现差异化，在控制农用土地资源整体可控的情况下，实现土地资源的差别化配置。在这个过程中，需要完善全国性的土地不动产登记工作。另外，土地流转的范围必须有所放宽，引入城市资本和企业家，推动农业生产领域的规划化和现代化进程。土地流转对象不放开，农业现代化就无法脱离小型规模化经营的模式，对于适用土地集中耕种开发的地区，就是资源的不合理配置。

与农地不同，宅基地和集体建设用地应可考虑适当放开土地用途限制，十八届三中全会决定提出新型城镇化应"从严合理供给城市建设用地，提高城市土地利用率"，即意味着应减少征地，而应考虑从宅基地、集体建设用地和工业园区用地的土地用途的改变上来提高城市土地的利用效率。

三、土地流转的政治社会风险分析

中国历史上土地集中往往带来社会动荡，原因可能有三：一是土地在农业社会是财富产出的主要方式，二是土地兼并导致收入分配急剧恶化，三是土地集中导致大量自耕农失业，而城镇未能提供相应的就业机会。西方国家，其中较为典型的英、美都曾发生过较大规模和较持久的圈地运用。其原因在于：一是工业化要求劳动力离开土地适当集中居住，而圈地运动可以导致农民失业；二是工业化和城镇化需要较多的土地流转，尤其是交通便利和城市周边的土地流转。圈地运动产生社会动荡的根源在于圈地几乎没有经济补偿机制，也没有城市就业的创造和培训机制，使农民成为产业工人的过程中，社会福利急剧下降。从历史纵向和海外横向的经验对比来看，真正造成农民大规模失地的原因是权力和资本结合并驱赶农民离开土地，由于中国历史上农业占经济的核心地位，农民失地即带来了巨大的社会动荡，但英国的经验却显示农民离开土地反而推动了英国的工业化进程，可见产业变迁对于农民失地失业所带来的重要影响。

（一）土地流转和中国失业失地群体

目前担忧土地流转机制的主要理由是失业失地群体是否会带来社会动荡？我们认为这种思维定势是值得斟酌的。一是目前的中国农民主要收入方式不是务农收入，而是非农收入。二是村匪恶霸能利用土地流转强行占有土地的假定是令人质疑的。三是尊重农民既有土地权利的土地流转增加了农民收入，增加了农民离开土地进入城镇的可能，而不是继续散居，增进了城乡融合而不是分离，增加了土地的可持续产出和环保开发，土地流转的正面影响将大于其负面影响。

（1）中国产业结构和农民收入结构已经发生深刻变化

中国已经经历了制造业的快速发展，正在向服务业转型，中国经济中第一产业的 GDP 占比仅仅 10% 左右，未来还会进一步下降，而服务业占比的提升，可能为中国的城市化进程提供更多的就业机会。对比发达国家的经济结构，中国的服务业占比依然还有很大的上升空间，大量的农民脱离土地以后就将离开第一产业，而逐渐分流至第二产业和第三产业中去。

中国农民的收入结构也在过去几年发生了明显的变化，国家统计局的数据显示，2013 年中国农村居民人均现金收入为 10982.7 元，其中工资性收入 4014.7 元，家庭经营性收入 5672.6 元，主要涉及农业生产的家庭经营性收入仅占农民人均现金收入的 52%。而且，农民进城务工所获得的收入也已经远远超过依靠农业生产所获得的收入。

从产业结构和农民收入结构的角度来看，农业都不再是农民的第一就业选择和收入选择，农民更多的收入已经来自于非农收入，而未来非农收入的增长依然将高于农业收入的增长。当然，在这个过程中，我们需要考虑城市能否提供足够多的就业岗位，一旦大量农民开始真正离开土地，失业率将成为衡量是否会引起社会动荡的重要指标。

（2）农地在多头竞争格局下，农民的利益将更有保障

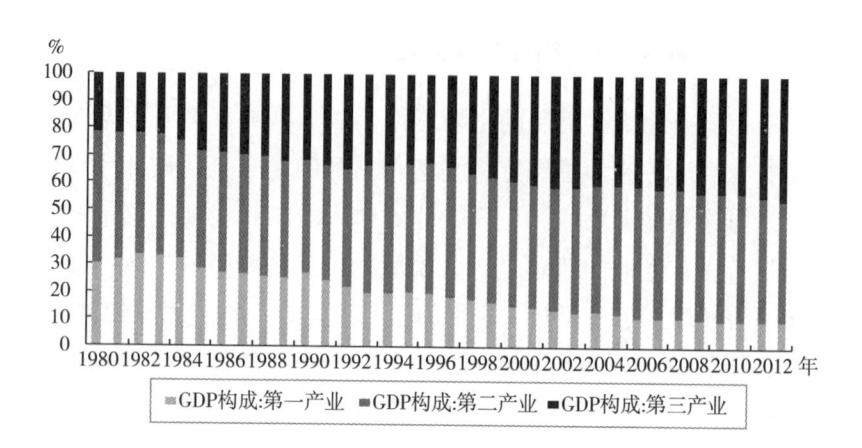

资料来源：WIND。

图12 中国经济机构变化情况

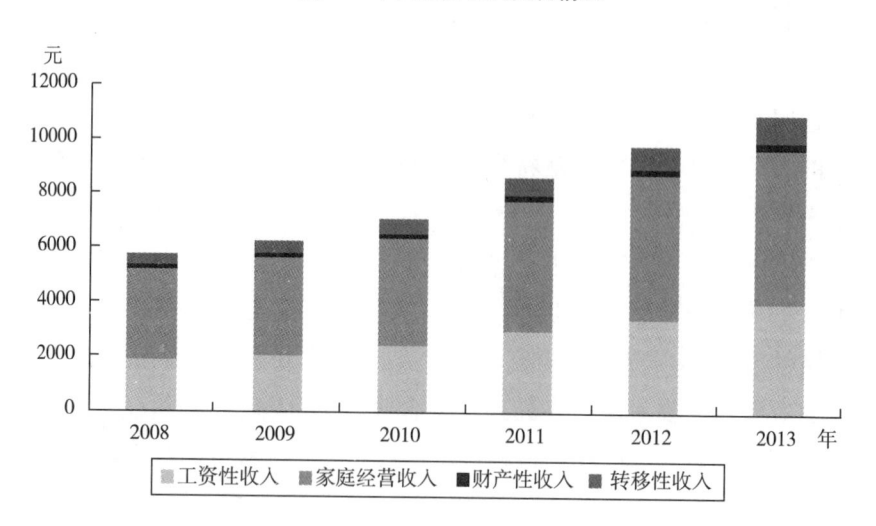

资料来源：WIND。

图13 农村居民人均现金收入情况

农地流转对象的限制，对农地的流转和农民利益的保障将产生负面的影响，没有竞争性的土地流转只会导致村匪恶霸在农村土地兼并中唱主角，而农地的流转价格也可能更低。经济学理论认为，信息的公开化和交易对手的多元化有助于实现理论上的均衡价格,土地经营权的出让者可获得的收入越高,那么在实际的运作上,交易所机制有助于农地流转信息的公开和传播,而适度放开农地流转的对象有助于引入更多具有资本实力的交易对手,令农地价格更加市场化。

(3) 增加农民收入有助于农民离地进城

尊重农民既有土地权利的土地流转将提高农民收入,增加农民离开土地进入城镇的可能。2013年城市居民人均消费性支出18023元,农村居民人均现金支出9453.6元,城市居民和农村居民支出结构有明显不同。收入决定消费支出,只有提高农民的收入才有可能让农民具有进入城市的可能性,而能够加快农民收入改善的途径就是释放土地红利,增加农民的财产性收入。

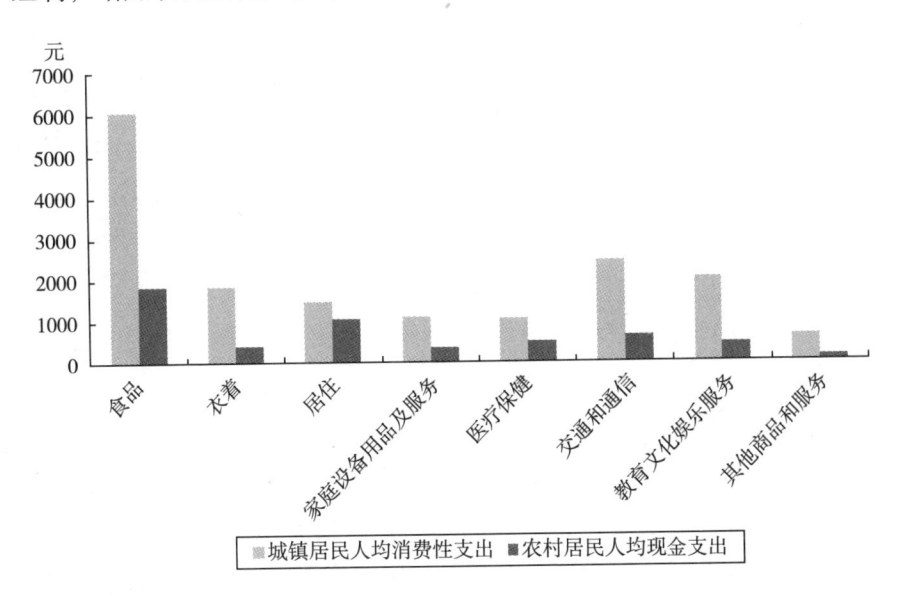

资料来源:WIND。

图14　2012年城市和农村居民人均消费支出对比

（二）土地流转和粮食安全线

土地流转并不影响粮食安全，一是有地就有粮，重要的是土地资源和水资源等的涵养和保护，考虑到粮食是短周期作物，因此配合以适当的粮食储备，大致可以保障粮食安全。二是粮食安全的重点应该在于主粮安全，至于副食则可适当放松。三是进口粮食就是进口土壤和水等资源，尤其是从东亚的农作物进口，可以使东亚周边更依赖农业产业的现状。最后，从近百年看，粮食领域的国际制裁没有成功的例子。

（1）中国的粮食短缺是结构性的

土地和粮食问题紧密相连，在土地流转改革中，必定会涉及土地用途可能因为经济性原因发生改变，从而导致中国耕地面积的减少造成粮食安全问题。我们认为土地流转制度上应保证基本农田的总量。首先，农地的土地用途应该保持严格的控制，要在保证总量不减少的基础上实现农地的优化配置；其次，应进一步开垦荒山荒地，对于地方复垦荒山荒地的，可考虑给予一定的新增建设用地指标。再次，集约化使用建设用地，减少建设用地无序扩张。

另外，中国的粮食短缺呈现明显的结构性。中国作为口粮的主要是大米和小麦，中国的口粮长期能够自给自足，进口的口粮主要是一些结构性的高端产品，比如泰国香米等。在中国粮食中，进口依存度最高的是大豆，如果除去大豆，中国粮食的自给率是很高的。粮食安全的三个层次：核心是口粮，外围是饲料，最外围是工业用粮。中国粮食安全的重点应该在主粮的安全上，应保障大米、小麦的种植面积，在提高农民收入的同时给予主粮种植以必要的补贴。工业用粮的需求弹性相对较大，对于食品安全的影响相对较小。

对中国而言，提高土地的资源配置效率，保护土地资源和水资源，再配合以适当的粮食储备，大致上是可以保障粮食安全的。

表3　　　　　　　　2010~2011年中国粮食的自给情况

	2010年			
	产量（万吨）	进口量（万吨）	出口量（万吨）	自给率
大米	19576	38.8	62.2	1.001
小麦	11518	123.1	27.7	0.992
玉米	17727	157.3	12.7	0.992
大豆	1508	5479.7	17.3	0.2163
	2011年			
	产量（万吨）	进口量（万吨）	出口量（万吨）	自给率
大米	20100	59.8	51.6	1.000
小麦	11740	125.8	32.8	0.992
玉米	17727	175.4	13.6	0.992
大豆	1449	5264	21.4	0.2165

注：粮食自给率=国内粮食产量/（国内粮食产量+粮食进口量-粮食出口量）。

资料来源：《中国农业发展报告，2012》，《问粮——详解18亿亩耕地红线》。

（2）国际粮食制裁对中国实难有效

国际上出现纯粹的粮食制裁非常少见，一般来说，国与国之间的粮食制裁通常是全面经济制裁的一部分。但事实证明，要实行成功的粮食制裁，需要控制全世界所有的粮食来源，不过历史上这样的粮食禁运却从来没有出现过。即使国与国之间发生了贸易战，也不一定包括粮食禁运的手段，粮食武器已经被验证为无效的武器。

粮食安全的核心是口粮，饲料和工业用粮对制裁的敏感性则大大下降，中国的口粮自给率很高，谷物自给率也很高。另外，中国的对外开放程度较好，和全世界各国建立了广泛的贸易往来，要求对中国形成粮食制裁的统一战线几乎没有可能，中国应该在保证本国的口粮安全的情况下，加大对各国的经贸合作，尤其是东亚及东南亚周边的经贸合作，加大农产品的进口，提高周边国家对中国的贸易依赖度，同时使东亚及东南亚周边国家对农业产业更加依赖。

四、现有土地流转的一些典型案例分析

部分地区已经开始对土地改革进行创新试点,创新试点的模式代表着未来土地改革可突破的方向。短期内土地流转改革仍然有较大的局限性,尤其是:第一,土地流转尚不能突破流转对象,第二,土地的用途也不能发生改变。否则尚不符合法律和文件的规定,但从经济效应来看,土地流转对象和土地用途的限制,只要突破其中的任何一个,就可以给中国的农业现代化和城镇化带来极大的制度突破。从各地的创新模式中可以看到一些具有可行性的方案的端倪。

中国渐进式改革路径意味着宏大的土地制度改革也将通过"地区试点→经验总结→有条件的一般化推广"传统"摸着石头过河"的改革模式。改革试点是推动土地改革的实践形式,有助于土地改革顶层设计的逐渐完善。从中国的现状来看,首先应该推动农村集体建设用地的流转试点,对于建设用地的规划应该更趋一致化,将城市建设用地和农村建设用地的使用有效统一,提高土地利用和配置的效益。农地的试点在严格保证基本农田总面积的情况下,加快规模化和产业化的试点进程,不同地区的农地试点可差别化进行。

(一)佛山经验:股份制下土地集约化利用先行者

广东佛山市的农村土地流转始于20世纪80年代。1992年,广东佛山市南海区(原广东省南海市)率先开始试行土地股份制并取得了巨大成功,创造出当时闻名全国的"南海模式"。随后各地纷纷效仿,在全国掀起了农村股份合作制改革的高潮。

(1)土地股份合作制的运作机制

改革的基本思路是,农民以自身拥有的集体土地承包权入股,组建村社的土地股份合作组织,由此组织进行统一的规划和布局,或者

将土地统一发包给专业人员或少数中标农户，形成农业规模经营；或者由集体统一开发使用，农民根据土地股份分享经营的权益。实行初期股权不得继承、转让、抵押、提取。

具体来说，土地股份制的运作主要包括以下几个方面：一是土地分区规划。将全区的土地分类三类：肥沃的土地划定为农田保护区，并将原来的分包经营改为投包经营；靠近城镇及公路的土地划定为工业发展区，以利用便利的交通进行工商业建设；靠近村庄的土地则划定为商业住宅区。土地分类有利于保护农田和实施城镇规划，土地实施统一规划和经营，使土地资源得到重新利用或有效利用。二是土地及集体财产作价入股。将属于集体的各种固定资产和现存的公共积累金扣除债务后按净值作价入股，将土地和鱼塘按照其农业经营收益或国家土地征用价格作价入股。在股权设置上，以社区户口为准确定配股定向，大部分村社都设置了基本股、承包权股和劳动贡献股等多重股份。三是股利分配和股权管理。对农村土地股份合作组织统一经营土地所获得的收入，按制定好的章程部分向农民进行分红，部分作为集体发展资金。在南海市的土地股份合作制试点过程中，一些村社又开展了股权由虚变实和股权流动的试验，采取了一系列改革措施。

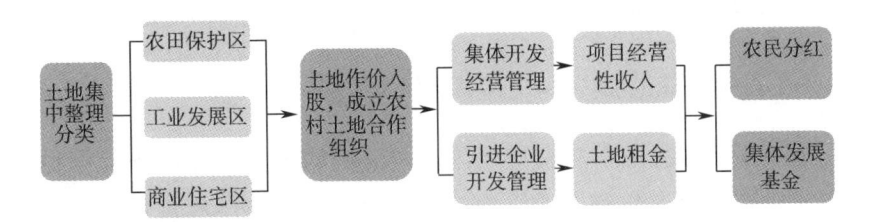

资料来源：根据公开资料整理所得。

图 15 佛山市南海区土地股份合作制模式

（2）土地股份合作制的改革创新

"南海模式"通过土地股份合作制的方式，将农民的土地转让权延伸到了非农用途，使集体的农业用地转化为建筑用地。农村土地股份合作制在家庭承包制的基础上，把农地所有权、承包权和经营权三者分离，重新界定了集体、农民、合作社之间的产权关系。集体拥有农村土地的所有权不变，农户拥有承包权，以股权换取农民的经营权，使其实现从直接从事农业生产到凭借土地产权进行分红的转变。而土地的经营权（使用权）归于土地股份合作组织统一规划，开发商或种植大户等通过支付资金进行承包或租赁来获得土地经营权。由此，农村土地的所有者、承包者和经营者之间的关系构成了土地股份合作制的产权结构。

（3）土地股份合作制的改革效应

第一，土地股份合作制的推广使得农民将承包经营权转化为土地的股权，强化了农民对土地的财产收益权，农民的收入渠道得到极大的拓宽，改善了农民的生活环境，提高了农民的生活质量。第二，通过土地股份合作制，将分散的土地集中起来，实现了农业规模化经营，提高了农业经济效益，土地的规模化经营也为农业结构调整创造了有利条件。第三，通过对农村社区土地的"三区规划"，集中了部分耕地和山坡地用于第二、第三产业建设，有助于提高农村非农产业的竞争能力。第四，加快了劳动力转移，推进农村工业化和城市化。

（二）东北经验：推动土地规模化经营

近年来，在我国东北农村地区，大批耕地正在加速被部分年轻的农民流转到种粮大户和企业手中，使农业生产正在向着规模化、集约化、现代化的方向发展。东北地区的土地流转和规模化经营，源于农民和种粮大户或企业，即土地供给端和需求端的双方需求。从农民方面来说，不断上涨的务工收入催生了农民出租耕地外出打工的需求；而对一些专业大户和农业企业来说，农业规模化种植效益日益凸显，使他们对土地的需求日益提高。

(1) 东北土地流转的运作机制

东北地区的土地流转主要以农民散户出租的形式为主。农民将手中土地的承包经营权出租给专业大户、农业企业或农村集体合作社，由他们统一进行土地的规划和经营，农民从中收取出租承包经营权的租金。

在东北农村的部分地区，还出现了不同的土地收益权分配方式。农民以散户出租的形式将土地承包经营权流转至农村集体合作社，合作社统一进行规模化经营，获得的收益有两种分配方式：第一种是农户将土地承包经营权出租给合作社从事农业规模化生产，无论当年产量如何，每年收取固定的租金；第二种是根据土地的不同等级，先确定一个保底的亩产量，增产的部分由农户和合作社均分。

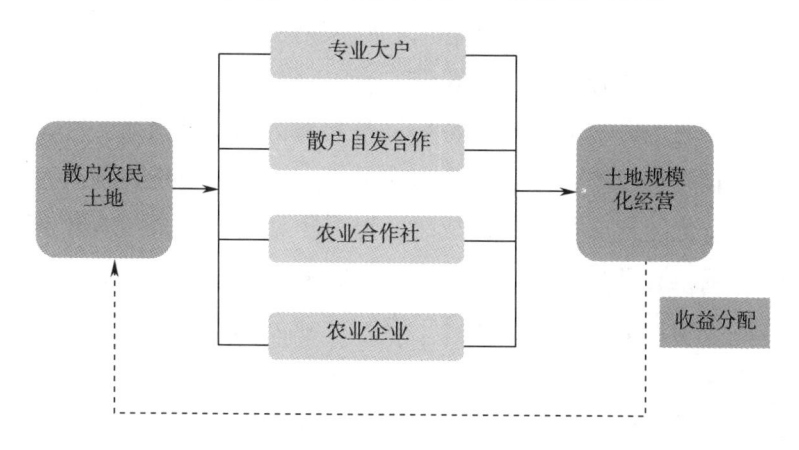

资料来源：根据公开资料整理所得。

图16 东北农村土地流转的散户出租模式

(2) 东北土地流转的改革创新

在东北地区，土地从散户农民手中转出后被用于规模化经营，按照流转对象的不同，土地规模化经营主要分为以下四种类型：第一种是专业大户（家庭农场）经营模式，即农民的土地流转给从事大规模农业生产的大户，由他们通过统一的农业生产资料配置从事农业生产。

第二种是合作经营模式,是指农民散户们自发地将相邻成片的土地进行统一经营,不过这种情况下严格来说不用经过土地流转。第三种是集体经营模式,即农村集体成立专业的农业合作社,农民将土地流转给合作社,由合作社统一规划土地从事农业生产。第四种是农业企业经营模式,即农民将土地流转给农业企业经营。目前,东北地区的农村通过"企业+基地+农户"、"企业+专业合作社+基地+农户"等方式,呈现了农业规模化经营的多元化发展格局。

土地流转打破了传统分散经营的农业模式带来的发展"瓶颈",提升了土地的综合效益,凸显了规模化经营的优势,也为农业机械化的推广和农业技术的广泛应用提供了更大的发展空间。在东北地区通过土地流转的集中而实现规模化经营后,更多的农业产业化龙头企业参与到土地流转当中,为现代农业的发展不断注入新的活力。

(3) 东北土地流转的改革效应

由于东北地区的平原地貌特征,东北地区的土地流转集中后,更容易发展农业的规模化经营。从当前的情况来看,由土地流转而形成的农业规模化经营取得了一定成果。通过土地流转发展规模经营,使土地、机械、资金、技术、人才等生产要素实现了优化配置,提高了劳动生产率和土地产出率。促进了农村产业分工和效能提升,使进行土地转入和转出的农民都能受益。促进了农业竞争力提升,新型农业经营主体的经营模式更加灵活、管理更加规范,对抗市场风险的能力也更强。

(三) 成都经验:农交所模式

成都农村土地流转始于2002年的城乡一体化实验,直到2007年国务院正式批准成都为城乡综合配套改革试验区,由此成都农村土地流转迎来大规模、全方位的全速发展时期。2008年,成都开展了"还权赋能、农民自主"的农村土地制度改革,以期建立归属清晰、权责明确、保护严格、流转顺畅的现代农村产权制度。其中，尤以2008年10月13日成都设立农村产权交易所并以此为核心配比一系列创新制度设计，确立了成都为中国农村土地制度改革之先的地位。

(1) 农交所模式的运作机制

成都农村产权交易所（以下简称农交所），主要承担农村产权流转信息发布以及农村产权交易过程组织的功能。农交所的交易主体主要是拥有土地承包权的农户以及具备承包权流转需求的农业大户、专业农业经营机构等。农交所的交易标的是一段时间内的农村土地经营权，而交易标的的范围涵盖林权、土地承包经营权、农村房屋产权、集体建设用地使用权、农业科技应用和转化、农业类知识产权、农村经济组织股权和其他农村产权等。

(2) 农交所模式的改革创新

农务所的模式为现行中国土地制度带来四个方面的改革创新，分别为首个农村产权交易平台的构建、确权颁证制度的首次确立、耕地保护机制的建立、农村产权流转担保方的成立。

成都市农村产权交易平台依托于成都市联合产权交易所，为全国首家农村产权交易综合性市场交易所，以农村土地经营使用权为主体交易标的，提供了规范化的农村土地流转平台。成都市政府开创性地采用确权颁证制度，对农村集体土地所有权、房屋所有权、集体建设用地使用权、农村土地承包经营权和林权进行确权、登记并颁证，赋予农民土地"综合权利"。成都市政府动用26亿元专项资金成立了耕地保护基金，为全国层面以基金形式作为耕地保护补偿机制的先河之举。为激励金融机构支持，成都各县（区）引入了担保机制，市、区、县层面由政府牵头成立政策性农村产权流转担保股份有限公司，作为土地流转行为的担保方，同时承担保护投资者和农民合法权益的义务。由政府牵头成立担保公司，推动农地为质押的融资机制完善，在国内实属首例。

(3) 农交所模式的改革效应

农民土地承包经营权流转之后，种植大户、经济合作社可利用农交所实现土地集中化和规模化，并利用规模土地开展现代化农业生产经营管理，提高了农村土地生产效率。不同类型的农地利用需求通过农交所进行市场化的流动配置，闲置土地得以流转。大量宅基地可还原为耕地，既可以弥补因城市化需要而占用的农村耕地缺口，又有效地重新整合了土地资源，并进一步吸引社会资本投向农村，繁荣了农村经济。农村土地对农民而言，具有社会保障功能，而集体土地产权的不完整削弱了农民的农地社会保障。农交所通过市场化交易行为，复原农村土地资本化商品属性，以实物定价方式部分还原了农村土地产权价值，保障了农民收入水平。此外，农村产权流转担保股份有限公司建立了市场风险防御机制，保证农民收入的稳定性和可靠性；而耕地保护基金对耕地守护的农民而言，其功能意义上近乎养老保险。

（四）重庆经验：地票交易模式

地票作为特殊的城乡建设用地挂钩指标，是我国新型土地流转制度在西方土地发展权转让制度上的探索创新。

(1) 地票交易模式的运作机制

重庆地票模式本质为：依托重庆土地交易所，确保交易前后耕地面积守恒的前提下，实现复耕农地和城市建设用地转换。重庆地票模式运作基本流程涉及：①复垦→②验收→③交易→④落地四个环节，总体机制如图17所示。

(2) 地票交易模式的改革创新

重庆地票交易模式创新性地开创了两类土地流转即农村建设用地与农用耕地流转、农村土地与城市建设用地流转新机制，并将这两类土地流转统一在同一交易机制之中，打破土地固定区位空间的限制，

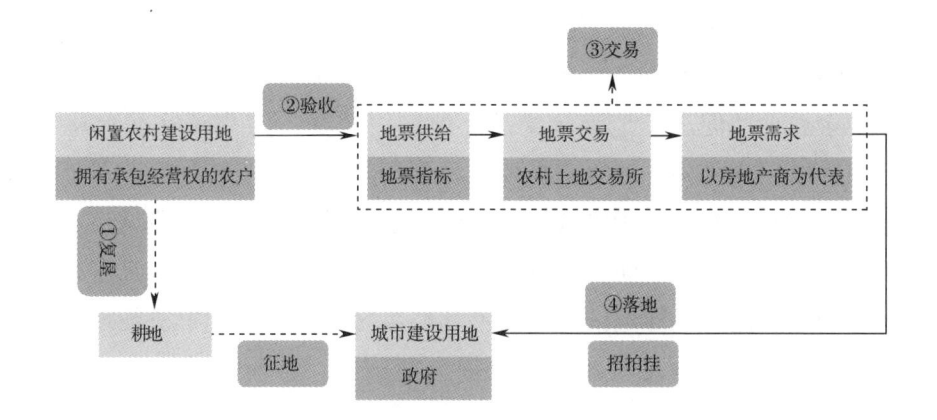

资料来源：根据公开资料整理所得，平安证券研究所。

图 17　重庆地票交易机制

实现产业集聚。是农村集体建设用地流转模式改革的一个重要突破。

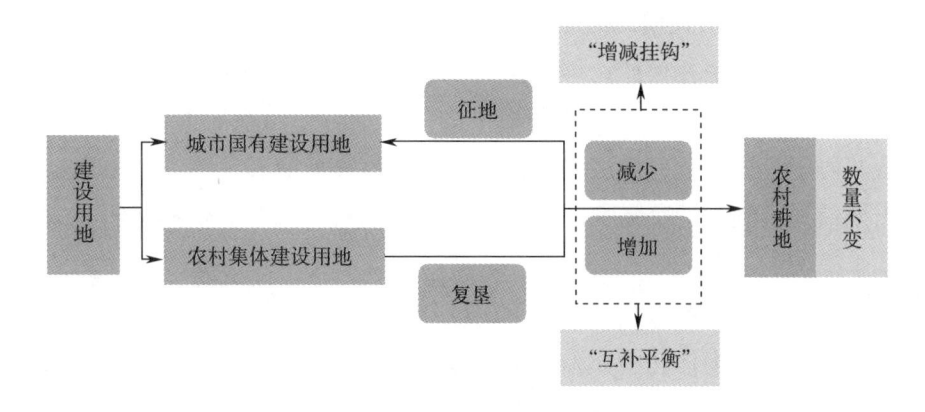

资料来源：根据公开资料整理所得，平安证券研究所。

图 18　增减挂钩机制

同时，实现交易实盘和虚盘结合，巧妙平衡三大目的。重庆农村土地交易所的交易标的为地票指标。相比成都农交所，围绕地票交易的重庆土地交易所实则采用实盘交易与虚盘交易相结合的方式。实盘交易和虚盘交易相结合创造性地将土地实物证券化，使大规模固定跨类别土地使用权交易通过打包交易方式得以有效展开。

（3）地票交易模式的改革效应

除了通过促进土地流转提高土地利用效率，以及确保不触及18亿亩耕地红线之外，地票交易模式区别于其他土地流转制度改革创新之处在于：一方面基于增减挂钩机制实现农村建设用地置换城市建设用地，推动城乡土地同价同权；另一方面通过提高土地流转过程中的农民收益配置、平抑地区土地级差和购买力差异，分别解决征地过程中农民收益配置不足以及地区发展失衡问题，从而有效缓解社会矛盾。

（五）益阳经验：土地信托模式

2009年湖南省益阳市开始实行土地承包经营权信托运行机制。

（1）土地信托模式的运作机制

益阳土地信托模式，即为坚持农村土地集体所有制以及农民承包权改变的前提下，借助金融领域中的信托运行，由政府斡旋，搭建平台并协调各方利益，最终将农村承包经营权高效流转，提高各方收益。土地信托机制中的交易标的为土地承包经营权，核心为信托运行方式，基本框架如下：

①委托方为拥有农村土地承包经营权的农户。

②受托方为信托中介，即土地信托公司。

③受益方同为委托方，即拥有农村土地承包经营权的农户。

具体运行机制见图19。

益阳土地信托机制基本分三个流程步骤来完成：

第一步，签订信托合同。土地信托公司与农户签订信托合同，从农户手中获得土地承包经营权；

第二步，优化打包受托土地。土地信托公司对受托土地进行分类，

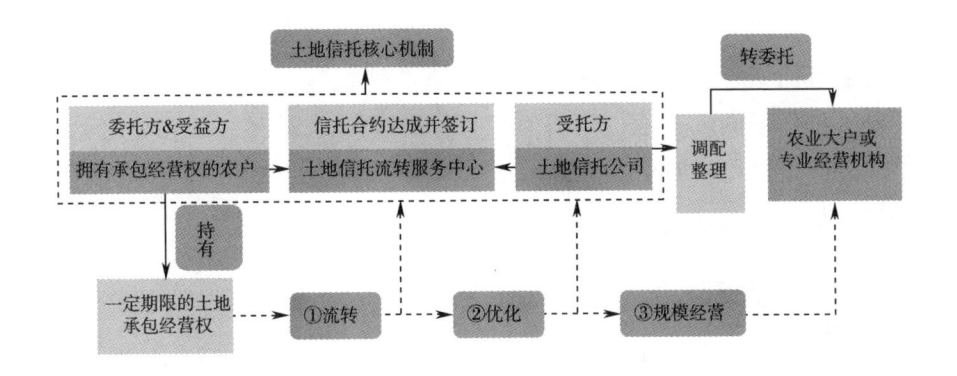

资料来源：根据公开资料整理所得。

图19　土地信托模式的运行机制

按照土地的质量和区位调整成片；

第三步，转委托。土地信托公司通过公开招标、竞拍等方式，将优化处理后的土地委托给农业生产大户和农业专业化经营公司，落实土地集中化效率经营。

（2）土地信托模式的改革创新

土地信托公司受托的碎片化土地，经优化整理后作为引资招商商品。此外，土地信托公司或当地土地管理部门已建立土地流转信息库，对进行交易的土地进行登记，定期检查土地流转情况和土地使用情况。至2011年底，益阳市通过信托流转的土地达13万多亩，引进农资企业126家。

益阳以"先试点、后示范、再推广"的逻辑顺序逐步开展土地信托工作。由益阳市草尾镇率先启用土地信托机制，取得良好成效后，益阳市总结草尾镇土地信托流转经验，并选择其他县镇逐步进行试点效仿，并根据当地实际情况对信托流转的具体操作流程进行改善。通过土地信托运转，益阳市土地集约化以及农民收益都得到了极大提高。

益阳土地信托模式的前提为三不变原则，即不改变农地集体所有权属性、不改变农民承包经营权事实、不改变土地用途，这与其他以农村宅基向城市建设用地流转、宅基地复耕等不同用途土地之间的流转制度创新不同。土地信用机制运行不改变耕地属性，只是优化土地空间和质量结构，并引入专业农业经营机构，有助于农业技术创新与应用，从而推动现代农业发展。

（六）嘉兴经验：两分两换模式

两分两换模式的精髓在于糅合农村宅基地向城镇建设用地流转以及农村人口向城镇流动。

（1）两分两换模式的运作机制

所谓"两分两换"是指区分农村宅基地和承包地，遵照依法自愿准则，实现农村住宅置换城镇房产，土地承包经营权置换社会保障。"两分"是指农民的宅基地和承包地可以分别处置。因而，一"分"是指宅基地和承包地分开；二"分"是指农户搬迁与土地流转分开；"两换"是指若农民意愿转为城市居民，则可选择放弃宅基地、承包地，以宅基地换取住房或货币补偿，用承包地换取养老就业等社会保障；若农民只想改善居住环境，则可放弃宅基地，继续保留承包地，同时获得经济补偿。因而"两换"中的一"换"为承包地换社保；另一"换"为宅基地换住房或货币。如图20表所示。

两分两换中针对宅基地基本有三种处理方式：置换城镇住房、置换产业用房、货币补偿。农户可自主选择单一或不同组合的安置模式。其一，宅基地（住房）换城镇住房：经由房地产评估机构评估，农户根据政策认定的人口（户）和可置换面积补助；搬迁奖励，农户以置换价格购买城镇住房。其中，不同地区对宅基地（住房）置换的城镇住房有着不同的操作细则，见表4。

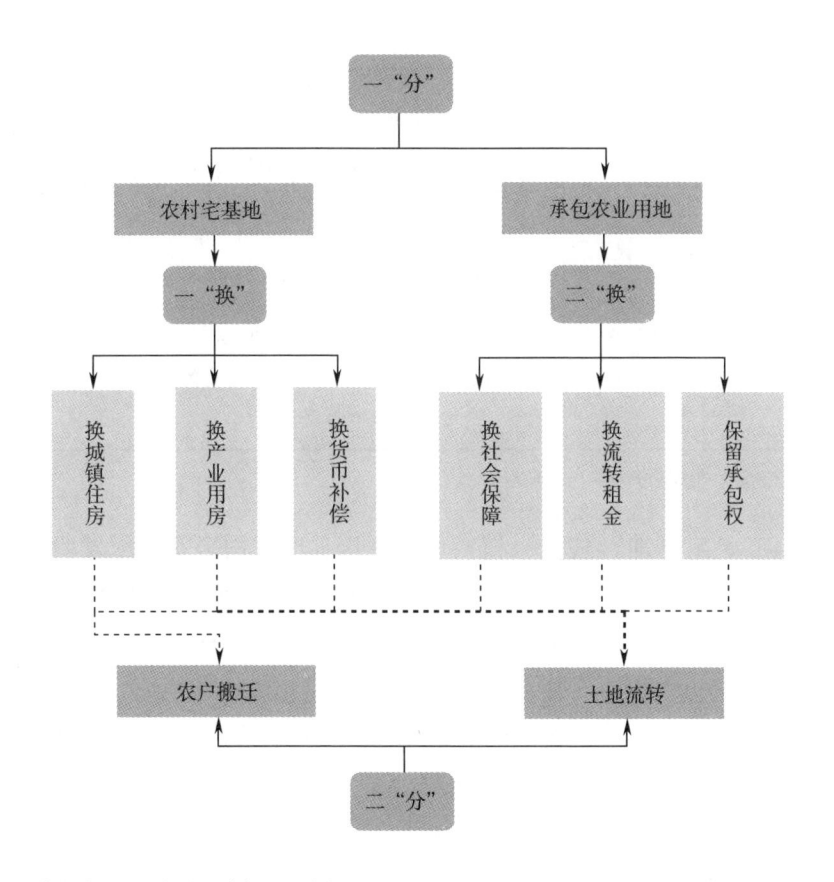

资料来源：根据公开资料整理所得。

图20 "两分两换"运行机理

表4　　　　　嘉兴市与省内其他县市经济发展情况对比

地区	城镇住房开发者	房屋类型选择	置换标准	房屋土地性质
七星镇	政府	公寓房	人均40平方米，每户再加60平方米，每户最多不得突破300平方米	国有划拨

续表

地区	城镇住房开发者	房屋类型选择	置换标准	房屋土地性质
姚庄镇	政府	标准公寓	人均40平方米	国有划拨
		复式公寓	复式公寓户型分为大、中、小三类,占地面积分别为85平方米、75平方米、60平方米	集体用地
龙乡镇	新农村投资建设的开发公司	多层公寓	每户面积为100~260平方米	国有划拨
		统筹统建	占地面积120平方米(三层),每户出资基础设施配套费1.5万元	集体用地

资料来源:根据公开资料整理所得。

其二,宅基地(住房)置换产业用房:产业用房安置配发股金证,采取股本经营方式,实行保底分红。其中,嘉兴市龙翔镇允许农户利用部分或全部房产到产业园区置换标准产业用房,或可与公寓房组合置换。其三,宅基地(住房)置换货币补偿:农户可在放弃宅基地后得到相应的货币补偿,若农户不将该笔补偿用于城镇居住地重置,则该笔补偿变为宅基地(住房)置换的货币补偿。此外,嘉兴市七星镇为例,其对农户搬至过渡房后的1~2年,给予农户房租补贴,其中1~3人每户每月补贴240元,4人以上每人每月补贴80元;若全部选择产业用房和货币安置的,按照上述标准一次性补偿3个月房租费。龙乡镇以公寓房安置旧房补偿标准上浮20%左右给予农户补偿。

两分两换模式中承包地置换也有三种方式:农户可以选择继续耕种,或者将土地转租给村集体经济组织换取租金,或者永久放弃土地承包经营权换取养老保险和就业。其一,永久性放弃土地承包权,换取社会保障:一方面,按照被征地农民养老保险政策,对完全放弃土地经营承包权的农民,由政府或投资公司出面,对农民给予社会养老保险。嘉兴市规定:(1)16周岁以上每人补助12000元、16周岁以下每人补助4000元进行社保参补；（2）60周岁以上农民一次性办理城镇居民社会保险手续。另一方面，凡永久放弃土地经营权的失业农民，政府给予再就业援助和服务，给予5万元以下一次性小额担保贷款。其二，放弃一定时间承包权，换取土地流转租金：（1）对于部分年限承包权流转，可采取转包、出租、入股等多种方式展开，对流转后农户，按照每年每亩700元的标准发放土地流转租金，并逐年递增；（2）流转10年以上期限承包权，按照城乡居民社会养老保险中城镇居民的缴费标准和待遇，为农户提供社会保障。其三，保留土地承包权，继续从事农业生产：两分两换模式中分开宅基地和土地承包经营权，意味着宅基地流转的同时可保留原有土地承包经营权。

（2）两分两换模式的改革创新

劳动力、土地指标的共同流动是决定和影响城镇化与经济社会持续增长的重要要素，两者不可偏废，且城镇化的终极目标是农民的市民化，换言之劳动力的城乡流动比土地城乡流动更具有城镇化意义。与其他土地改革不同，两分两换模式最大的改革意义在于用土地经营权换养老和社会保障，这在一定程度上降低农民失地后的收入保障风险，从而推动了农业就业人口向城镇第二、第三产业流动。但不得不承认，两分两换模式必须配比较高的经济发展程度以及雄厚的政府财政实力。因而目前两分两换模式的一般化推广存在制约。

两分两换模式的制度创新意义在于，基于一般化全局视角改革既有土地制度及其配套制度，真正推进土地流转并在一定程度上妥善解决土地流转过程中农民失地问题。两分两换模式推进包括户籍制度[①]农村金融制度在内的"十改联动"，即实施土地使用制度改革；实施统筹城乡就业改革；实施社会保障制度改革；实施户籍制度改革；实施居

---

① 嘉兴市取消了农业户口、非农业户口分类管理模式，全市城乡居民户口统一登记为"居民户口"。

住证制度改革；实施涉农工作管理体制改革；实施村镇建设管理体制改革；实施农村金融体制改革；实施公共服务均等化体制改革；实施规划管理体制改革。

两分两换模式在"依法、自愿、有偿"基础上展开，充分尊重农民意愿，包括置换方式多样性选择的尊重以及置换地域的尊重。除了有多种置换方式供农民选择之外，嘉兴市还放开了市内跨镇、跨城置换。农户可在村域内、镇域内置换，也可以跨镇、进城置换；可整村搬迁也可零星集聚，也可市镇投资开发公司统一建造公寓房，还可自建联体公寓房、排屋等。

（3）两分两换模式的改革效应

第一，增强土地流转深度。自2008年5月开展事实"两分两换"，截至2009年底，嘉兴市在577.43平方公里的试点范围内，已签约换房农户达到11649户，完成农房拆迁8174户，共流转土地承包经营权4.82万亩。其中南湖区的七星镇和余新镇、嘉善县的姚庄是推进速度最快的三个镇。

第二，提高农民收益水平。相比其他土地流转方式创新，两分两换模式同时推动了农业耕地的集约化流转以及农村集体建设用地向城镇国有土地流转，与此同时，两分两换模式分别从一次性的货币补偿以及长期的社会保障和城镇住房提供来同时保证农民的短期收益和长期收益。2011年，嘉兴市城乡居民收入分别达到31520元和16707元，农民收入增幅连续八年高于城镇居民，并连续八年位居浙江省之首。2011年，该市实现第一产业增加值146.09亿元，增长3.1%，全年农作物播种面积510.4万亩，其中全年粮食面积304.5万亩、总产量达135.4万吨。

第三，推动城镇化进程。两分两换模式直接推动了城镇化进程，尤其是在配比"农民进城"后的就业和养老保障情况下作出"人"的城镇化，而非单为"土地"城镇化。

五、以土地制度改革推进新型城镇化的政策建议

第一,建立土地等资源的大数据系统。中国的土地等资源的数据系统依然没有建立,政府对国有土地等资源的数据统计严重不足,随着互联网和移动技术的高速发展,随着航拍技术、遥感技术等日趋完善,政府对于资源的管理体制理应进入数据化时代。

完成土地资源的数据系统建立,对未来农地的确权登记颁证以及新开发和改变土地用途的管理等都具有重要意义。

从当今全球技术发展趋势来看,资源管理的数据化有利于提高资源尤其是土地资源的配置利用效率。土地数据系统不但能够监控土地资源的利用情况,还可以监控农作物的面积和产量情况,对于中国的粮食安全等问题同样意义重大。

表5　　　　　当前国土资源的统计数据情况(2008年)

	面积(万公顷)	面积(亿亩)	占总面积比重(%)
耕地	12171.6	18.26	12.8
园地	1179.1	1.77	1.24
林地	23609.2	35.41	24.83
牧草地	26183.5	39.28	27.54
其他农用地	2544.3	3.82	2.68
居民点及独立工矿用地	2691.6	4.04	2.83
交通运输用地	249.6	0.37	0.26
水利设施用地	364.5	0.55	0.38
未利用土地	26091.2	39.14	27.44
总计	95084.6	142.63	100

资料来源:《中国国土资源统计年鉴》。

第二,引入省际间占补平衡的土地权益流转交易机制。中国国土

面积广阔，土地资源差异极大，典型的特点是沿海发达地区土地资源匮乏，能够利用的农地资源极其有限，但建设用地指标不足，随着人口的迁徙和增长，沿海地区建设用地不足的情况更加严重。但中西部省份可开垦和未利用的土地较多，而且随着人口的流出，非农地和未利用土地资源存在可复垦和开荒的可能。我们认为考虑到中国特有的土地资源配置产业和人口分布差异，可引入省际间占补平衡的土地权益流转交易机制，沿海省份及农地稀缺省份可以向中西部省份交易农地资源，中西部省份可以通过建设用地复垦和未利用土地的开荒向沿海省份换取土地补偿，沿海省份在提供土地补偿的情况下增加建设用地的指标，在人口快速迁徙的背景下，省际之间的占补机制有利于省际之间平衡资源配置，也有利于工业和服务业发达地区对相对落后省份进行补贴，助推中西部省份的农业现代化进程。

第三，探索城乡间基本农田流转机制。尤其是引导城市资本进入农村。中国部分产粮大省，如东北三省、河南省等，土地资源禀赋符合发展农业产业化的要求，当前土地流转尤其是基本农田的流转仅限于村内以及村与村之间，局限于专业大户、家庭农场、农民合作社、农业企业之间的流转。但当前中国大部分的资本资源都集中在城市，农地资源的集中经营也是农业产业化进程的必然条件，部分合适的地区可以考虑以试点的方式逐步推进。

第四，探索工业用地、集体土地、宅基地等的流转机制。城市工业用地，农村集体建设用地和农村宅基地本质上都属于建设用地、当前城市建设用地使用紧张，大量人口迁入城镇，推高了城市土地的价格及房地产的价格，但农村集体建设用地和宅基地使用极其粗放，考虑到农村集体建设用地和宅基地的面积数倍于城市建设用地，集中入市可能会对中国城市土地市场的基础形成冲击。

数据显示，长期以来，中国的城市居住用地和商业用地的土地出让价格远远高于工业用地的出让价格，而从土地供应的角度来看，工矿仓储用地和其他土地（主要用于城市基础设施建设）的土地供应量也大大高于居住用地和商业用地，城市用地明显呈现居住用地和商业用地紧张，而工业用地供应量过大的情况。

我们认为，应该试点城市建设用地中的工业用地、农村集体建设用地和宅基地的流转机制，中国政府长期以来以城市化补贴工业化，城市用地中住宅用地和商业用地的出让价格大大高于工业用地，但从集约化利用土地的角度来看，未来城市住宅用地和商业用地的增加应更多地考虑存量转化，将工业用地转换为住宅用地和商业用地，试点工业用地和农村集体建设用地及宅基地之间的流转机制。这种方式可以消除短期内农村建设用地入市对土地市场的巨大冲击，也可以实现土地的更有效配置和利用，同时给予农民更多的财产收入权，将农村集体建设用地和宅基地的价值逐渐释放。

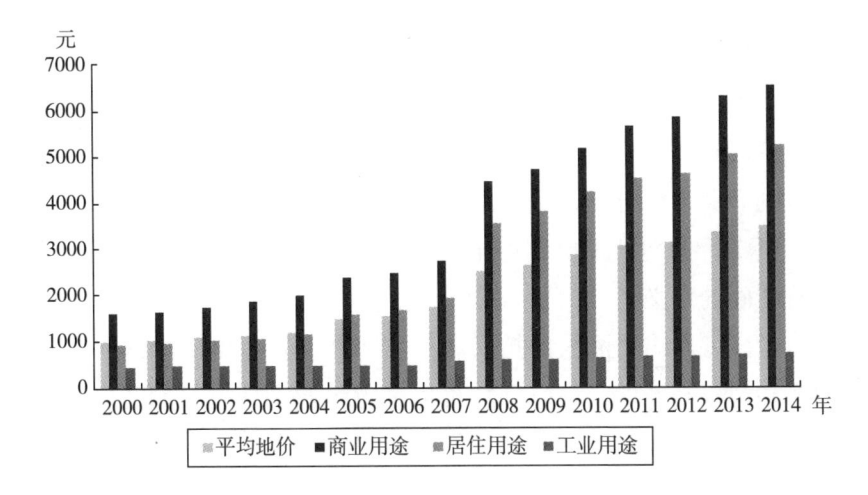

注：2014年为前三季度土地价格。
资料来源：WIND。

图21 重点城市平均地价对比情况

第五，试点贫瘠荒漠土地的拍卖和开发机制。针对中国大量的未

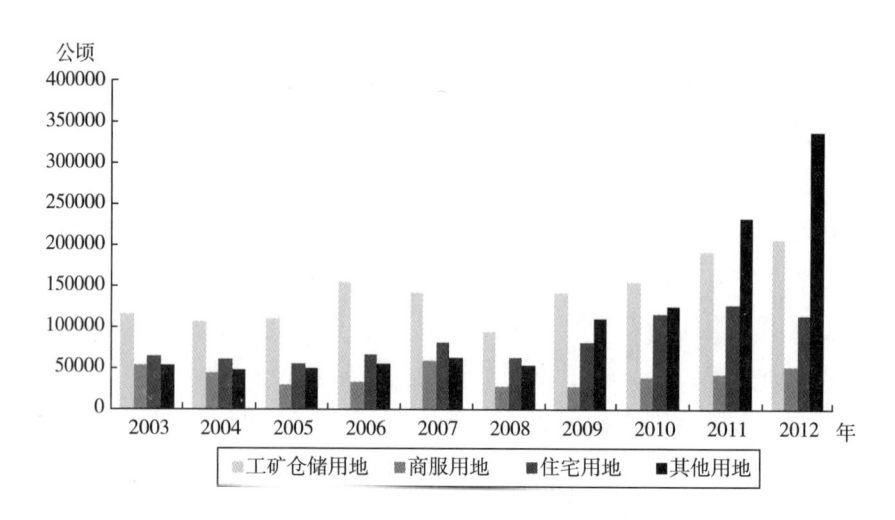

资料来源：WIND。

图22 国有建设用地供应面积历年情况

开发土地，可试点贫瘠荒漠土地经营权拍卖和开发机制，这种方式来自于美国的西进运动，土地开发者可以获得长期稳定的土地经营权，从而加快中国贫瘠土地的开发进程。土地的拍卖方可以是拥有所有权和承包权的农民，没有确认到集体的土地可以由政府进行拍卖。但同时应规定可实行拍卖开发机制的土地特性，对贫瘠荒漠、无人开垦的土地进行明确的定义。

第六，试点岛屿和渔权的拍卖和开发机制。针对中国海洋领土上大量岛屿和渔权经营的问题，同样可以试点拍卖和开发机制，出资者可以获得岛屿和周围渔业的长期经营权。对渔业和岛屿本身的土地开发，有利于中国行使自己的海洋领土权。

第八章
金融改革中的中央地方关系

李波　魏加宁

摘要

　　过去三十年，我国金融领域的改革稳步推进，金融市场不断发展，金融监管制度日益完善，现代化的金融体系初步形成，提高了资源配置效率，有力地支持了实体经济发展。当然，金融领域还有很多问题需要解决，包括市场主体公司治理、多层次金融市场的广度和深度建设、中央地方金融监管分工与合作体制的完善等。本文从统筹中央和地方关系的角度出发，就金融领域改革提出几项具体建议，其中包括中央地方金融监管框架的完善，以及在具体金融领域的地方先行先试。金融领域的改革过程中应注意顶层设计和基层试错的关系，明确顶层设计和基层探索的权责划分，适当顶层设计，减少对基层探索的束缚，使顶层设计和基层探索有效对接。

一、金融监管中的中央地方分工合作

(一) 现状与问题

我国金融监管的基本框架。我国目前的金融监管机构包括中国人民银行、中国银监会、中国证监会和中国保监会,地方金融监管机构包括"一行三会"的派出机构,以及地方政府成立的地方常设性金融协调管理机构。除此以外,商务部门、发展改革委也在金融监管中发挥一定作用。我国金融监管的基本框架如图1所示。

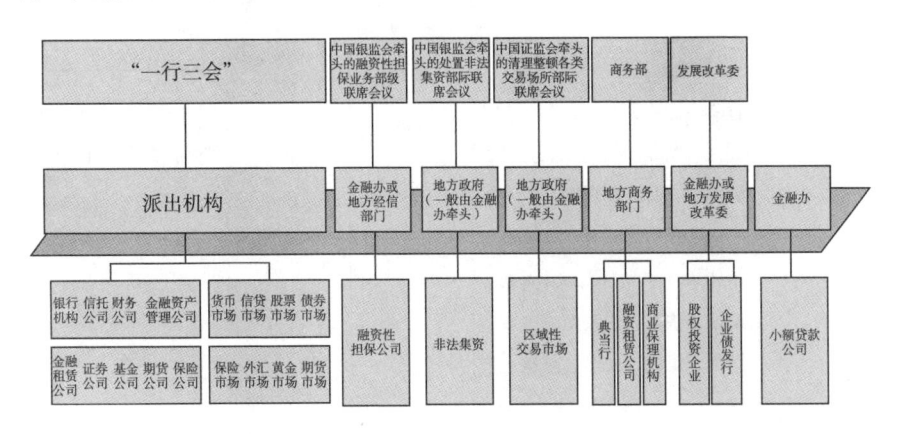

图1 我国金融监管框架

值得注意的是,2009年以来,地方政府积极开展实践,试图加强金融业对地方经济的支撑作用,地方政府的金融监管职能和作用有所强化。大多数的省(直辖市、自治区)和部分地市都采取了一系列措施以加强地区金融资源整合及监管,促进金融业对地方经济发展的支持。[1] 截至2012年末,全国已有31个省级政府、240个地级以上城市

---

[1] 刘玉强:《地方政府金融监管绩效的评估与改善研究》,2011。

成立了隶属于政府的金融协调机构，一些县市政府甚至区级政府也成立了相应机构。这些机构有的主要负责协调，有的由地方政府授予主导地方金融管理的职能。

表1　　　　　　　　　部分地方金融办情况

金融办级别	组织形式	行政级别	人员编制	主要职能
省级	省政府直属机构（或直属事业单位），如上海、北京、天津、重庆、广东、山东、浙江、安徽、河南、河北、辽宁、内蒙古、新疆	大部分为正厅级，少数为副厅级	大部分为30~40人，少数能达到50~60人	规划与研究协调与沟通服务与引导监督与管理风险处置
	挂靠省政府办公厅，如江苏、江西、湖北、四川、黑龙江、陕西、甘肃、贵州			承担地方金融国资的日常监管工作，如上海
地市级	市政府工作部门，如南京、杭州、济南、石家庄、武汉、南昌、深圳、大连、温州	从科级到副厅级不等	除温州金融办人数较多，挂靠的一般小于10人外，其余在20人左右	规划与研究协调与沟通服务与引导监督与管理风险处置
	市政府直属事业单位，如合肥、长沙、台州、晋红			
	挂靠市政府办公室，如宁波、扬州、佛山、宜昌、宿迁、珠海			
	挂靠发改委，如哈尔滨、芜湖、辽阳			

续表

金融办级别	组织形式	行政级别	人员编制	主要职能
县（区）级	政府工作部门，如上海浦东区、北京西城区	大部分为科级，小部分为处级	基本为10人以下	协调与沟通服务于引导监督与管理风险处置
	挂靠政府办公室，如苏州吴中区、嘉兴海盐县			
	挂靠发改局，如上海宝山区、广州越秀区、成都金堂县、湖州德清县			
	挂靠财政局，如宿迁泗阳县、芜湖无为县			

中央与地方金融监管职能分配有待优化。一是，现有的监管资源向中央集中，地方（尤其是县域）的监管能力和监管资源不足，无法适应地方创新的需要。宋立（2002）认为，金融机构的垂直管理模式将监管的权力高度集中于中央，地方政府可以发挥的作用十分有限。地方金融尤其是县域金融出现了明显的问题：国有商业银行对地方中小企业的金融支持力度、服务能力越来越弱，地方经济面临信贷等金融服务有效供给不足的困扰。二是，金融监管的集中导致我们过于强调金融市场的统一性，而忽略了金融机构的多样性和金融市场的多层次性。结果是体制内金融改革创新难，出现了地方协调中央（各部门）的倒挂现象；而体制外民间借贷监管不足，出现了一定的金融监管真空现象。在体制内，允许民间资本进入银行体系办正规的民营银行事宜进展较为缓慢，批准的民营银行业务范围也有较多限制。在体制外，小贷公司、民间借贷等准金融机构的准金融活动基本上处于无人监管

状态，导致民间借贷、影子银行等体制外金融风险不断聚集。三是，地方设立金融办等监管机构，与中央金融监管形成一定的监管冲突。地方金融办在一定程度上规范和促进了地方金融业的发展，但是由于金融办职能划分不明晰、功能尚不完善，导致监管冲突和权责不对称。地方金融办设立的初衷是整合地方金融资源、加强金融业对地方经济的支持，在一定程度上存在逃避中央监管或与中央争利的现象，有可能导致地方金融风险的聚集。四是，在现行的监管框架下，很多地方改革试点并没有总结经验和形成顶层规划；同时，一些顶层推动的改革没有推广到地方，如国有大型商业银行的股份制改革、公司治理机制改革等没有进一步推进到各个地区的城市商业银行和农村商业银行等。在我国之前的金融改革实践中，金融机构上浮就是这一问题的结果。所谓金融机构上浮，是指信用社改革为农村合作银行、农村商业银行和城市商业银行后，追求跨区经营；股份制商业银行追求全国经营，发展为全国性商业银行；全国性的大型商业银行又追求"走出去"，到国外开设分支机构。简言之，大部分金融机构追求做大做强，搞同质化竞争。结果是，这些年来无论是从金融机构数量、从业人员数量还是从金融资产规模来看，我国金融业都得到了快速发展，但实体经济融资难、中小企业融资难、科技创新融资难的问题非但没有得到解决，反而更加突出。

（二）国际经验——多级监管和一级监管的比较

从中央和地方金融监管分工角度出发，世界各国的金融监管模式可以分为两大类：一是多级监管体制，中央和地方政府实行分权准入和监管，同时有多个机构或部门实施监管职责，美国是这一模式的典型代表。二是一级监管体制。金融监管权集中于中央，地方没有金融监管权力。大多数的国家采取这种模式，但在具体实现方式上有所不同。

1. 多级监管体制：以美国为例

美国的金融监管体系由联邦政府和州政府实行两级分权监管，各监管机构实行分业监管。

银行业实行多头监管。中央层级主要由联邦储备银行、联邦存款保险公司、信用合作社监管局等机构负责各类银行业金融机构的监管；地方层级，各州都有权发放限于本州经营的银行牌照并且实施监管，多数州政府设立"金融机构局"。从中央和地方分工上看，美联储主要负责货币政策的制定和执行、流动性救助、审批联邦储备体系成员银行（约1/10的州立银行是成员银行）的经营范围和业务种类。州政府根据"谁批准、谁监管"的原则，主要负责监管由州政府发放牌照的银行业金融机构。如果机构成为联邦储备系统或联邦存款保险公司的成员，则需要同时接受美联储和联邦存款保险公司的监管。近年来联邦监管机构对州银行的监管权在逐渐加强，例如从20世纪80年代开始，州银行的法定存款准备金制度收归到美联储，同时在金融稳定和消费者保护上，美联储也对所有的州银行拥有监管权。在联邦层面，货币监理署（OCC）可以发放跨区域经营的国民银行牌照，并对国民银行实施日常监管，国民银行通常也受到美联储和联邦存款保险公司的监管。可见，在美国监管模式下，地方金融机构由州政府监管并不排除中央层面的监管，地方侧重对机构的行为进行监管，中央则侧重进行审慎性监管，包括法定存款准备金率要求、存款保险制度要求等。

证券业采取垂直监管。中央层级，证监会、商品期货交易委员会与美国投资者保护公司三家机构共同负责对证券期货机构及市场的监管。传统上，州政府也有一定的证券市场监管权力，但过去30年地方性证券法规（"蓝天法"）已经逐步被联邦证券法规取代，州政府已逐步丧失证券市场的监管权力。证监会等对地方证券业机构实施垂直监管，负责这些机构的准入、业务范围、日常监管等。

保险业实行分片监管。美国联邦层面没有保险监管机构，州政府拥有保险机构的主要监管权。2010年通过的Dodd-Frank法案给保险业监管带来了一定的变化，主要是在维持现有的以州监管为核心的保险业监管框架下设立新的联邦保险办公室，以检测保险业风险及协调有关监管政策。

金融控股公司实行功能监管。各类金融控股公司的子公司，均由相应的行业监管机构监管。对于拥有跨行业子公司的金融控股公司，按照《金融服务现代化法》（1999年），其母公司的监管实行伞形监管与联合监管共存的制度，美联储对所有金融控股公司拥有监管权，即所谓的"伞形监管"，在伞形监管条件下，对拥有其他行业大型子公司的金融控股公司，相关的行业监管者可以作为联合监管者实施监管。

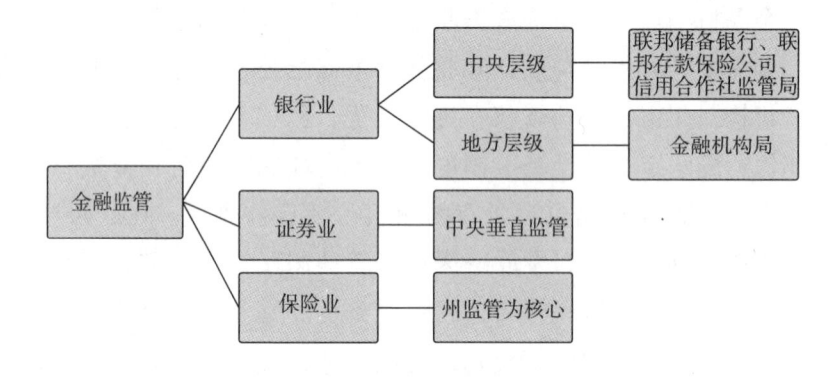

图2 美国金融监管框架

2. 一级监管体制——以德国、日本为例

德国金融机构监管权集中于中央一级，地方没有独立的权力，但在中央一级拥有和行使监管权的不是一个机构，而是由两个机构共同实施对银行的监管，即金融监管局和德意志联邦银行[①]。1961年，联邦德国通过《银行法》，成立了银行监管局，并于2002年更名为金融监管局（BaFin），统一实行对金融机构的监管。金融监管局主要负责

---

① 何顺强：《西方国家银行监管改革探析》，2001。

制定和发布政府有关金融机构监管的行政法规并进行相应的法律监督；负责机构的准入、退出；审查机构业务范围等，在涉及银行资本金和流动性的重大政策问题上，金融监管局需征得德国央行——德意志联邦银行的同意。德意志联邦银行主要负责货币政策的制定和执行。由于金融监管局不在各州设立下属机构，因此，各州银行日常经营活动的具体监管，由德意志联邦银行在全国9个地区设立的办事机构和这些办事机构下属的118家分行上。[①]

日本的金融监管权也集中在中央，金融机构主要由总理府下的金融厅监管，金融厅负责金融机构的注册、日常经营、并购、清算破产等。日本央行——日本银行主要围绕货币政策的执行，通过对在日本银行开设往来账户或需要在日本银行取得贷款的金融机构进行业务检查，实施间接金融监管。2001年日本经历了金融监管体制改革，加强了金融监管的独立性，但延续了一级单元监管体制，形成了以金融厅为核心，独立的中央银行和存款保险机构共同参与、地方财务局等受托监管的监管框架。

3. 多级监管和一级监管的比较分析

从上述国家的银行机构监管模式来看，不同模式的采用与国家经济体制存在密切关系。从监管效果来看，多级监管和一级监管形成的金融机构生态有差别。在美国多级监管模式下，对商业银行准入制度比较宽松，银行申请成立的程序比较简单，所以美国商业银行的数量非常多，但规模相对较小。在一级监管模式下，大部分国家严格控制商业银行数量，商业银行准入门槛较高，对商业银行的保护措施较多。另外，在两级监管模式下，各商业银行处于层层监管中，州银行由地方政府准入，但不排除中央层面的监管，包括准备金管理、存款保险制度管理等。因此监管机构处于微妙的相互制约的关系，增强了银行

[①] 董贤圣：《银行监管体制比较研究与借鉴》，2006。

监管体系的严密性和完整性，有效防止监管权力的集中和垄断，金融机构存在的漏洞能及时被发现，因此适当的交叉监管是有好处的。

表2　　　　　　　　典型国家银行监管主体模式比较

	监管体系模式特征	监管主体机构名称	银行监管主体特点	模式背景与经济体制
美国	多级监管	联邦储备体系货币监管局联邦存款保险公司州银行管理局	中央和地方两级都拥有对银行机构的监管权，每一级又有若干监管机构	国家实行分权、制衡和联邦原则，地方政府高度自治，发展经济权力很大
德国	一级监管	金融监管局德意志联邦银行	监管集中于中央级两个监管机构，"双头"分工协作，共同监管	中央政府拥有对经济调控的较大权力，是监管权力集中于中央的社会经济基础
日本	一级监管	金融厅	金融厅是日本金融行政监管的最高权力机构。央行作为协作机构，仅对与其有交易行为的金融机构进行财务检查	金融监管改革的目标是实现金融和财政的分离

（三）改革建议

中国是一个大国，有着自身复杂的国情。中国的每一个省的大小相当于一个中等规模的国家，这就使得监管工作变得十分复杂。因此，发挥好中央和地方监管的积极性就显得更加重要。金融监管中的中央地方关系协调应坚持以下原则：一是完整性。金融监管应覆盖所有特许金融机构和功能领域，有效地应对现有金融体系的各种风险。二是有效性。各监管机构、中央地方之间分工明确，不存在过多交叉监管和重复监管，不同金融监管机构之间建立良好的监管协调机制。三是规范性和激励性相容。金融监管制度的设计要有效应对金融体系风险，维护金融稳定；同时，也要尊重市场规律，调动地方积极性，更好地发挥金融服务实体经济的作用。

根据上述原则，针对中央地方在金融监管领域的分工合作问题，建议加强纵向层面金融监管体制改革，建立权责分明的分层监管体系。中央可以通过委托方式，将目前集中在中央的部分金融监管职责授权给地方执行。所谓分层监管体系即建立中央、省级和市县级三层的监管体系。对于全国性的金融机构，如国有大型商业银行、跨区域经营的城商行和农商行、交易所以及新兴的互联网金融等，因为其营业网点、业务范围和引发的风险是全国性的，因此应该由中央金融监管机构负责监管；对于在一省之内设立的金融机构，如省联社和在省内跨区域经营的城商行和农商行等，应由省级监管机构负责监管；而对于市县级的金融机构，如村镇银行、小贷公司、担保公司和典当行等，因为其风险多为地方性的，因此应该由市县级监管机构负责监管。这种监管模式有利于充分发挥中央和地方两个积极性，加强顶层设计和基层试错之间的良性互动。具体包括以下内容：

第一，明确地方政府和地方金融办在金融监管中的职能，将金融办纳入正规的监管体系。首先，国家层面应制定并出台有关地方政府金融管理工作的指导意见，规范地方金融管理，完善地方金融监管制度；其次，要明确地方政府对地方性金融机构应有的责任，改变过去只管审批不顾风险的行为模式，地方性金融机构产生的风险必须由地方政府负责，权责要对应；最后，明确地方金融办的职能，地方金融办只能拥有金融监管的权力，不再涉及负责地方经济发展的职能，改变其既是监管者又是市场参与者的局面，同时中央金融监管机构应下放监管权限，将金融办纳入正规金融监管体系。

第二，明确中央金融监管部门分支机构职能。首先，中央金融管理部门应依法履职，避免因职责重叠而造成监管真空并影响监管效率的现象发生。其次，中央金融管理部门的分支机构要认真维护金融稳定，保持金融秩序，重点监管全国性的金融机构。最后，从维护大局和支持地方经济发展出发，中央金融管理部门应积极推动地方法人金融机构的改革和发展，解决中小企业贷款难的"瓶颈"，加大县域经济发展支持力度，扩大金融机构和服务覆盖面，缩小城乡收入差距，促进经济金融协调发展。

第三，协调好中央和省两级金融监管部门的关系。由于当前金融监管部门实行的是垂直领导，因此具有较高的独立性，但是由于各个地方情况不同，因此防范和处置金融风险又需要地方政府的参与和配合。因此，在确保中央金融管理部门分支机构行使职能的独立性的前提下，建立中央和省级金融监管部门协调机制是十分有必要的，建议成立由省级金融办和中央金融监管分支机构共同组成的金融监管协调平台，通过信息共享，共同分析问题解决问题，最终化解金融风险。此外，中央金融管理部门和省级金融办应分类发放牌照，省级监管机构为地方性的金融机构发放牌照，全国性的或区域性的金融机构的牌照则应由中央金融管理部门负责，在发放牌照前严格区分，并在发放牌照后严格监管，杜绝金融机构盲目扩大规模的发生，鼓励其深耕细作，为本地经济服务。

第四，以银行监管为例，构建多级交叉的监管体系。银行监管主要包括准入监管、过程监管、退出监管，其中过程监管包括存款保险制度、最后贷款人制度等保护性监管；资本充足率监管、信用风险监管等健全性监管以及限制竞争监管（见图3）。可将地方性银行的监管权责下放至地方，包括准入、退出以及部分过程监管，即使是省级金融办批准的银行，也应同时接受中央监管，主要包括信息披露要求、存款保险制度、最后贷款人制度、资本充足性监管等（见图3）。在这样的监管体系下，一方面，地方政府（省级金融办）会有动力增批中小民营金融机构，增加本地企业的融资可得性；另一方面，准入审批权与风险处置责任相匹配，落实"谁家的孩子谁抱走"的原则。保证地方政府因"地方金融安全责任"的下放而谨慎行事，在金融监管与金融创新之间谋取平衡，这样安排还可以大大减轻中央政府的金融安全责任和金融监管压力。

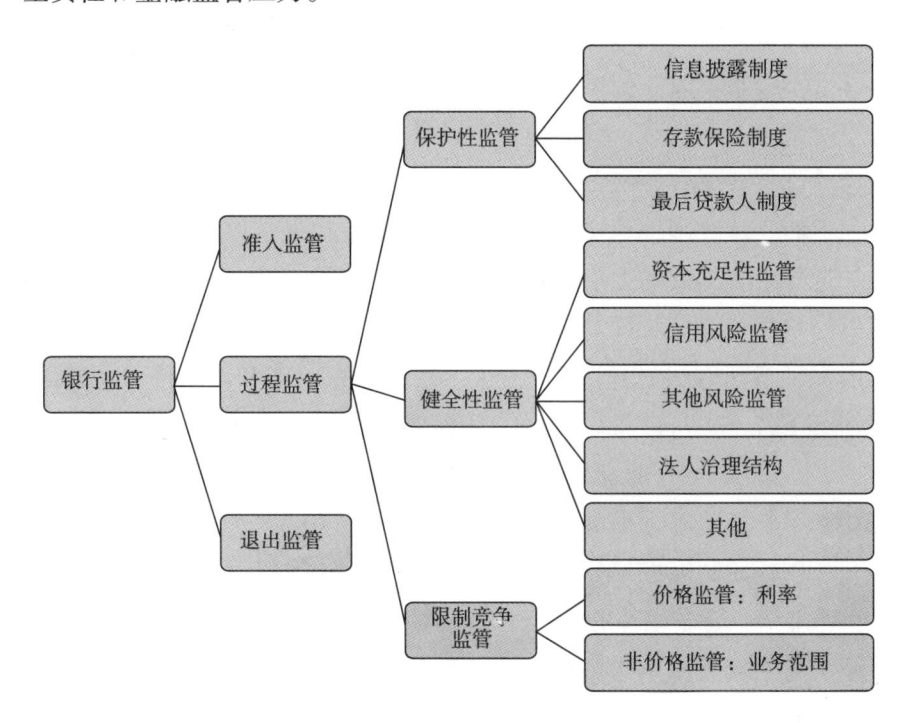

图3　多级交叉的银行监管体系

二、推动地方在金融领域的探索创新

（一）现状与问题

关于金融领域的改革逻辑，多数人都认为，一般情况下金融改革只能采取自上而下的方式进行。原因有两个：一是金融市场流动性强，如果在某一个局部进行改革，改革的外溢性会很强。改革的初衷可能是想限定在一定范围内进行试点，但实际效果是往往管不住，从而会对其他区域产生正的或负的影响。二是限于局部范围的试点改革可能会导致不公平竞争。金融是垂直管理、"全国一盘棋"的，如果有的地方享受某种改革政策，有的地方不享受，或者享受另外一种改革政策，这样就会在金融资源配置上产生不公平问题。

然而，从我国改革实践看，金融领域自上而下和自下而上的都存在。近年来，国家加大了深圳前海、珠海横琴、福建平潭、上海自贸区等一些先行先试特殊功能区的制度供给，期望通过制度创新为转型发展提供新动力。全国共设立五大金融改革试验区和若干特殊功能区，分别给予若干支持政策。金融改革创新是这些地区试点的重头戏，如"一行三会"出台了投融资汇兑便利化、人民币跨境使用、外汇管理改革、利率市场化等方面的措施支持上海自贸区建设，形成了自贸区金融开放创新的制度框架体系；深圳前海的金融创新政策主要包括跨境人民币业务、深港资本市场合作和保险创新发展等三个方面；苏州工业园区与中新天津生态城借助中新双边合作理事会平台实现了跨境人民币创新业务的突破，等等。同时，国务院专门设立的浙江温州、广东珠三角、福建泉州、广西云南沿边、山东青岛等五个国家级金融综合改革试验区，试验各有侧重，这些都极大地激发了地方试点创新的积极性，也加快了全国的金融改革步伐。

(二) 金融领域"自下而上"改革的重要意义

我国当前中央地方权力配置模式实际上是一种中央向地方授权的模式。在授权体制下，中央向地方授权一般有三种模式：一是低度授权，其基本特征还是中央集权；二是高度放权，在高度放权模式下，地方本位成为权力关系的主要特征，这一权力配置方式可能导致地方保护、地方割据、恶性竞争、无序发展、中央调度无效、调控不力等问题；三是差异化授权，即在授权体制下，中央针对不同地方的特点，为达到不同目标对不同地方授予不同的权限[1]。差异化授权作为中央—地方权力配置新型方式的探索，相对于大面积、大范围的放权，是一种审慎的、有限度的、小范围的授权，既可以有效防止地方保护，又可以避免权力过度集中导致的地方缺乏活力。金融领域的发展也可以通过差异化授权进行"自下而上"的改革。

在下一步我们面临的金融改革中，一是国际上很难提供成熟的经验；二是我国是一个大国，各地情况复杂且发展不平衡。三是有些改革可能造成的影响很大，决策层不容易下决心。因此，"自下而上"的改革对于我国金融发展和金融创新具有重要的意义。首先，差异化授权是一种允许"试错"的过程，可以先试点，如果发现有问题，吸取经验教训，有些措施可以取消，有些措施可予修正，体现为一个不断探索的过程。而且试点的风险可以控制，锁定在一定范围内，不会对整体造成大的损伤。其次，差异化授权和地方创新体现了地方的差异性和不平衡性，可以因地制宜，充分发挥地方特色。

---

[1] 王国华、方付建：《差异化授权：中央地方权利关系改革的新路向》，2009。

三、关于选取部分地区开展金融创新试点的建议

目前,国内五个国家级金融综合改革试验区其功能定位较为明晰,温州金改区主要在地方金融组织体系、金融服务体系、民间资本市场体系、金融风险防范体系等方面先行试验;广东珠三角金改区涉及城市金融改革创新综合试验、农村金融改革创新综合试验、城乡统筹发展金融改革创新综合试验等方面;泉州金改区以金融服务实体经济为核心定位,具有穿越三个国家级改革试验区的战略意义,将经济转型与产业升级列为金融服务的核心;沿边金改区主要是促进广西和云南与东盟的开放合作;青岛金改区主要是为加快推进财富管理发展,多渠道增加居民财产性收入,通过先行先试,积极探索具有中国特色的财富管理发展道路。

为了进一步推动地方创新,为全国性改革摸索经验,按照差异化授权的思路,建议选取几项重点改革内容,在部分地区进行创新和先行试点。例如,中小民营银行由地方政府准入,允许合格个人到境外投资,资本市场三板和四板由地方统筹组织等。此外,对于试点地区金融改革的内容与方式,中央可以尝试适当放权给地方,中央可以确定总体改革框架、改革的基本原则及可选模式,试点地区可结合本地区发展特点和实际情况决定是否进行框架允许的各项改革,以及选择以何种模式进行改革。

(一)扩大民营中小银行准入

当前我国经济下行压力较大,一些企业和地方反映资金紧张、融资成本上升较多,特别是小微企业和"三农"领域。我们认为,当前融资难、融资贵的原因是多方面的,其中一个重要原因是服务小微企业和"三农"领域的金融供给和竞争不足。因此,和实体经济一样,

金融行业也需要进一步简政放权、扩大准入、简化手续。近年来，我国服务小微企业、"三农"领域的主力军农信社、小贷公司发展迅速，但机构数量还远远满足不了市场需求，业务也比较单一。十八届三中全会《决定》提出，在加强监管前提下，允许具备条件的民间资本依法发起设立中小型银行等金融机构，但民营银行试点刚刚起步，进展缓慢，其原因之一是现有的监管资源过度向中央集中，银行监管部门在各地（尤其是县域）的监管能力和监管资源严重不足，无法适应发展中小型银行的需要。为有效缓解小微企业、"三农"领域融资难、融资贵问题，建议从各省选取若干家优质小贷公司转制为地方性小型银行，并由地方政府金融办（或设立专门监管机构）负责其准入审批和日常监管。

1. 服务小微企业和"三农"领域的金融渠道不畅

一是农信社、小贷公司是服务小微企业和"三农"领域的主力军，但目前服务能力明显不足。

经过多年的平稳发展，农信社整体规模和实力逐渐增强，可持续发展能力显著增强，农村金融服务水平明显提升，已成为我国重要的农村金融机构。截至2013年末，全国以县（市）为单位的统一法人农村信用社1690家，从业人员47.4万人。总资产规模8.1万亿元，同比增长9.4%。实收资本2570亿元，同比增长5.8%。全国农村信用社涉农贷款余额和农户贷款余额分别为6.2万亿元和3万亿元，同比分别增长16.4%和14.5%。

小贷公司于2005年在五个省进行试点，2008年起在全国全面推开，由地方政府负责准入和监管，发展较为迅速，在发展农村金融和中小企业、规范民间借贷以及促进金融市场多元化发挥了重要的作用。截至2014年6月末，全国共有小贷公司8394家，从业人员10.2万人。实收资本7857.3亿元，较年初增长10.2%。贷款余额8811亿元，较年初增长7.6%。2014年上半年，小贷公司新增人民币贷款618亿元。

短短六年时间,虽然不能吸收存款,小贷公司实收资本规模已经达到农信社的3倍以上,这说明只要金融监管权力适度下放,便可以动员大量民间资本参与资金供给,小型金融机构成长潜力十分巨大。

但总体来看,农信社和小贷公司规模小,资金来源有限,服务小微企业、"三农"领域的能力明显不足。

二是设立民营银行是发展的基本方向,但目前试点进展过于缓慢,改革进程严重滞后。

民营银行作为民间资本进入银行业的新渠道,是采用市场化机制来经营的银行,在丰富和完善金融组织体系的内在结构、在金融业引入竞争机制、拓宽小微企业和"三农"融资渠道等方面被寄予厚望。2012年5月,中国银监会出台《关于鼓励和引导民间资本进入银行业的实施意见》,2013年7月,国务院发布《关于金融支持经济结构调整和转型升级的指导意见》,均明确提出"尝试由民间资本发起设立自担风险的民营银行"。2014年3月,中国银监会披露阿里巴巴与万向、腾讯与百业源、均瑶与复星、商汇与华北、正泰与华峰等10家民营资本共同参加首批5家民营银行的试点工作,7月份正式批准深圳前海微众银行、温州民商银行和天津金城银行3家民营银行的筹建申请,经过两年多的时间,我国民营银行试点仍处于起步阶段,不仅数量有限,而且获批的各家民营银行均尚处于筹备阶段,还未正式营业。如果现有监管体制不变,那么毫无疑问,在未来的一段时期内,受准入数量、规模、业务范围等方面的限制,民营银行仍然难以有较大发展。

2. 现有中央和地方金融监管分工严重制约中小银行发展

目前,我国对金融业的监管总体上是中央统一监管。在中央层面,除了统一制定全国金融改革发展的政策法规和总体规划,制定统一的业务经营规则和监管规则外,主要承担吸收公众资金、容易诱发系统性风险的金融机构和活动的监管职责,一般由"一行三会"负责对银行业、证券业和保险业进行具体分业监管,承担相应的风险处置责任,依法依规履行监管职责；同时，中央还通过制定和出台相关制度规则和政策措施，防范和化解系统性金融风险。在地方层面，金融监管主要由省级政府（一般省政府设立金融工作办公室等机构）具体负责，除了根据国家金融政策法规，在监管职责范围内制定具体实施细则和操作办法外，还承担不吸收公众资金、限定业务范围、风险外溢性较小的金融活动的监管职责，如小贷公司、融资性担保公司、区域性股权市场、典当行、融资租赁公司、商业保理公司、地方资产管理公司等，同时承担农村信用社的管理和风险处置责任，防范和化解地方金融风险。从目前的金融监管结构来看，银行类金融机构原则上由中央监管，地方政府除了对农信社负有部分管理责任外，基本不具有银行类金融机构监管权力。

出于风险防范和监管难度考虑，尤其是2008年国际金融危机爆发后，监管部门在银行业务规范、地方性银行跨区域经营等方面加强了对银行的监管力度。相比于大型银行，中小型银行在资本实力、流动性管理能力、风险防控能力等方面整体偏弱，更易于出现金融风险，因此中央层面的监管部门对于推动成立民营银行、小贷公司转制为银行等措施存在较多顾虑，相关的监管能力和监管资源也明显不足。

在地方层面，出于增强地方金融业实力、提高地方融资能力等方面的考虑，地方在推动中小型银行、民营银行设立方面具有更强的积极性，但现行制度没有赋予地方政府相应的权限。同时，依据相关规定，小贷公司的资金来源一般只能为股东缴纳的资本金、捐赠资金、来自不超过两个银行业金融机构的融入资金（不得超过资本净额的50%）及经国家有关部门同意的其他资金来源，有限的资金规模使得小贷公司无法有效地发挥服务小微企业、"三农"领域的作用。

3. 美国地方性银行发展经验

从国际经验来看，多数大国都有地方发牌银行。以美国为例，美国实行双轨银行制度，商业银行可分为联邦政府发牌的国民银行（National Banks) 和各州政府发牌的州立银行 (State-chartered Banks) 两种,其中国民银行数量相对有限,主要是实力雄厚的大银行,而州立银行数量众多,基本是中小型银行。此外,美国还拥有大量的储蓄机构 (Savings Institutions),主要包括联邦储蓄银行 (Federal Savings Banks,联邦政府发牌)、互助储蓄银行 (Mutual Savings Banks,各州政府发牌) 等,此外美国还拥有一定数量的信用社 (Credit Unions,各州政府发牌)。在银行业监管方面,与双轨银行制度相适应,美国设有联邦和州政府两级银行监管机构。联邦政府有 5 个主要的银行监管机构:货币监理署 (OCC)、联邦储备体系 (FED)、联邦存款保险公司 (FDIC)、储蓄机构监管署 (OTS) 和国家信用社管理局 (NCUA)。此外,美国各州政府也设有银行监管机构。美国大多数银行由不止一家监管机构负责监管。

4. 政策建议

从我国银行业目前发展状况和国际经验来看,要化解企业融资成本过高,尤其是小微企业、"三农"领域融资难、融资贵的问题,大力发展地方性小银行是一个切入点。建议适当调整中央和地方金融监管职责,中央将部分银行业金融机构的监管职责让渡给地方(省级金融办),将县域、服务小微企业及"三农"领域、不跨地域经营的小型银行和农村信用社的准入、监管、退出改由省级政府金融办负责。扩大民营中小银行准入可以考虑在温州、昆山等地先行试点。

在当前地方性中小银行设立方面,建议由地方政府(省级金融办)选取部分规模较大、资产质量较好、经营规范、内部管理完善、风控能力较强的小贷公司转制为地方性小型银行,允许其在当地吸收居民和企业存款,为小微企业、"三农"领域提供信贷服务,并接受地方政府金融办监管。如果未来三年每年每省各选 8~10 家小贷公司转制为银行,三年就会达到 800~1000 家的小型银行服务地方小微企业、"三农"领域,其融资难、融资贵问题可以得到明显缓解。

（二）推进合格境内个人投资者试点

十八届三中全会通过的《中共中央关于全面深化改革若干重大问题的决定》就扩大企业及个人对外投资作出部署，明确提出"允许发挥自身优势到境外开展投资合作，允许自担风险到各国各地区自由承揽工程和劳务合作项目，允许创新方式走出去开展绿地投资、并购投资、证券投资、联合投资等"。当前，尽快开展合格境内居民个人境外投资试点（$QDII_2$），对于确立个人对外投资主体地位，激发社会投资和创业热情，以及统筹利用国内国际两个市场、两种资源，促进开放型经济转型升级具有重要意义。

1. 境内居民个人对外投资现状分析

调查显示，境内居民个人有较强对外投资需求。可投金融资产超过 100 万元的高净值人群中，约有 40% 的个人有意愿投资海外市场；在有意愿投资海外市场的个人中，超过 90% 的个人表示配置到海外的资产比例不会超过 30%；在拟投资品种上，对于实业、房地产、金融资产都有较大比例需求。

现行政策框架下，个人境外投资渠道有限。个人对外投资大体可分为三类：实业投资、金融投资和不动产投资。我国现行法规没有禁止个人直接开展境外投资，但现实中尚未开通正规的渠道。个人投资境外实业，须在境内先行注册企业，履行境外投资审批程序后，才能以企业名义汇出资金，审批复杂耗时；个人投资境外金融资产，必须通过具有合格境内机构投资者（QDII）资质的境内金融机构，以基金（或资金集合）形式间接开展，存在产品同质化、投资自主权和选择空间缺乏等问题；个人目前没有正规渠道投资境外不动产。

现行政策框架外存在较大规模的灰色渠道对外投资。由于正规渠道远远无法满足个人日益增长的多样化投资需求，一些个人于是通过携带现钞出境、利用旅游、留学等名义分散购汇汇出以及境内支付境外代垫等方式,甚至通过地下钱庄等非法渠道将资金转移至境外以满足其投资需求。这种情况已存在一段时间,并形成了一定规模,既不利于对个人境外投资行为进行必要的引导和规范,也容易给各种非法资产转移行为提供可乘之机。

2. 开展境内居民个人境外投资试点具有重要意义

当前,进一步推进对外投资管理体制改革,确立个人对外投资主体地位,是全面深化经济体制改革的重要内容之一,有利于更有效地实施"走出去"战略,更好地优化调整经济结构,更长期地维持稳定健康发展。

第一,深化经济体制改革需要尽快落实投资者消费主权。十八届三中全会通过的《中共中央关于全面深化改革若干重大问题的决定》要求加快形成"消费者自由选择、自主消费,商品和要素自由流动、平等交换的现代市场体系"。投资者自主进行投资决策、自由选择境内外市场进行投资,是投资者消费主权的基本内容,也是现代市场体系的基本要求。当前我国个人直接开展境外投资无法可依,多数通过"灰色"甚至非法渠道进行,不利于尊重和落实投资者消费主权,也不利于规范管理个人境外投资工作。

第二,优化经济结构和维护国际收支平衡需要进一步拓宽资本流出渠道。国际金融危机后,世界经济结构深度调整,国际竞争更加激烈,我国经济传统竞争优势逐步弱化,原有的经济发展方式难以为继,面临"中等收入陷阱"的严峻考验。为应对当前挑战,需要扩大和便利对外投资,进一步发挥开放对产业升级和结构调整的引领作用,推动开放型经济从以廉价资源和廉价劳动力为核心的成本优势,向以资本、技术、人才等为核心的综合竞争优势转变,提高我国在国际产业分工中的地位。多年来,我国国际收支连续呈现大规模的"双顺差",对维护国际收支均衡、国内经济稳定和国内货币政策操作造成压力,也不利于经济结构调整和优化。因此,从促进经济结构调整和维护国际收支平衡的要求出发,需要进一步拓宽资本流出渠道,尽快允许个人直接开展境外投资。

第三,实施"走出去"战略需要放宽对个人境外投资的限制。实施"走出去"战略是我国融入世界经济、参与国际市场竞争的需要。民间资本作为我国经济中最活跃的部分,在"走出去"的过程中发挥越来越重要的作用。支持民间资本"走出去",首先要放宽对其境外投资的限制,既允许其通过设立企业的形式对外投资,也要允许其以个人名义直接到境外投资。开展合格境内个人投资者试点($QDII_2$),一方面有利于满足个人对外投资的合理需求,另一方面有利于规范管理个人对外投资活动,使其在"走出去"过程中能够通过正规渠道获得金融服务和金融支持。

3. 政策建议

当前开展个人境外投资试点时机已经成熟。一是我国外汇储备水平较高,防范风险能力较强。二是我国中高等收入人群规模不断壮大,越来越多投资者有能力直接对外投资。三是投资者已通过国内市场积累了一定投资经验,并通过 QDII 或其他渠道对境外市场有一定的了解和风险认识,基本具备直接开展境外投资的知识和能力。四是社会各界对推出 $QDII_2$ 试点存在广泛预期,期盼早日开展试点。

综上考虑,当前开展 $QDII_2$ 试点时机已经成熟,建议考虑在部分地区进行 $QDII_2$ 的先行试点。从落实十八届四中全会部署,确立个人对外投资主体地位,促进经济转型升级,更好地应对当前国内国外的经济形势,以及配合当前沪港通试点的要求出发,进一步拓宽资本流出渠道,允许境内居民个人直接开展境外投资。

(三)进一步推进多层次资本市场建设

落实十八届三中全会关于全面深化改革、完善金融市场体系战略部署,对资本市场服务国民经济发展、资本市场自身建设和改革创新等具有积极而深远的影响。

建设多层次资本市场是推动中小企业发展的根本出路。目前,解决中小企业的发展和融资问题,我们的主要思路是鼓励商业银行向中小微企业倾斜,这非常重要,因为我国的金融结构中银行占绝对主导地位。银行有着稳健经营和风险厌恶的特点,中小微企业有良好的成长前景,但相对风险较高,而银行只能获取相对固定的利息收益,风险收益不太对称。

与间接融资体制相比,直接融资体系有四个不同,一是风险共担,二是利益共享,投资者在承担投资风险的同时,有机会分享中小企业快速成长的成果;三是定价市场化,无论是股票市场还是债券市场,每个企业的融资成本取决于投资者和市场对它的前景和信用的判断;四是服务多层次,从风险投资、私募股权投资、四板、三板,到创业板、中小板和主板,处于不同发展阶段的企业可以从直接融资体系获得接力棒似的多层次服务和支持,从弱小的幼苗逐步成长为参天大树。

我国的资本市场结构也并不合理,是一个倒金字塔型,而美国是一个正金字塔型。美国纽交所有2300家挂牌公司,然后是纳斯达克,有2500个,再往下是OTCBB和粉单市场,大致将近1万家挂牌公司,再往下是一个较低层次的场外市场,也有上万个挂牌公司,尽管在这些市场上挂牌的公司与交易所上市的公司无法同日而语,但它服务于低层次企业,与其他高层次的市场实现了很好的分化。而我国资本市场正好相反,呈现头重脚轻的特点。我国主板有1400余家挂牌公司,中小板是700余个,创业板是接近400个,三板市场原来只有100多个,新三板市场成立后,挂牌公司在今年有较多,有1000余家,当然我们还有一些区域性产权交易所,但发展不太规范,良莠不齐。

建议加强顶层设计,进一步推动地方创新,考虑在广东、山东等地进行先行试点,由省级金融办组织和管理三板和四板市场。对于地方性三板和四板市场。在公司准入条件上,不设财务门槛和公司规模要求；在合格投资人准入条件上，在风险可控的前提下适当放宽准入标准；在行政许可安排上，简化核准程序，豁免部分核准；在多层次资本市场建设上，建立转板机制，完善不同层次资本市场的联系。在中国证监会指定总体框架并实施一定垂直监管的前提下，地方政府在三板和四板市场的制度安排方面可以有一定的创新空间。

另外，允许部分地方先行先试，积极发展众筹等新型互联网金融形式，允许通过众筹方式探索不同规模、针对不同投资者群体的证券公募和私募，实现众筹与资本市场多层次连接和良性互动。

（四）扩大与港澳台地区的金融合作

加强与港澳台地区的金融合作，不仅可以提升投资贸易便利化程度，全面提升经贸合作层次，还能推动与港澳台地区的资本市场双向开放，解决中小企业融资难、融资贵等问题。例如，可以扩大香港和台湾地区银行向前海、昆山企业的人民币贷款试点。2013年，深圳前海已发布《前海跨境人民币贷款管理暂行办法》和实施细则，规定"在前海注册成立并在前海实际经营或投资的企业可以从香港经营人民币业务的银行借入人民币资金，并通过深圳市的银行业金融机构办理资金结算。"截至2014年第二季度末，前海跨境人民币贷款业务备案135笔，备案金额合计360亿元，共涉及前海贷款企业74家，香港贷款银行29家，深圳结算银行23家。苏州工业园区与新加坡也建立了区内企业境外金融机构直接贷款模式。昆山试验区现有台资企业集团内部跨境人民币双向借贷政策为台资关联企业优化资金配置提供便利，也拓宽了台湾地区人民币回流渠道。建议在宏观审慎政策框架下，允许台湾地区的银行机构直接向昆山试验区内符合条件的中小企业发放一定数量的人民币贷款。

（五）在试点基础上，加快形成全国统一的碳交易平台

在经济结构调整中，加快更新能源结构可以直接拉动经济增长。能源结构反映经济结构。如果能源结构更新缓慢，经济结构调整也快不了。从很多国家经验来看，更新能源结构会带来大量的科技创新、研发、勘探开采、技术改造、新设备新技术推广等，不仅可以推动经济结构调整，本身能强劲地带动 GDP 增长。积极引导社会资金进入新能源领域，也会弥补传统投资的下降，稳定增长和就业。

环境对现有能源结构的承载能力已近极限。我国能源长期依赖煤炭，2013 年国内生产煤炭 37 亿吨，进口 3 亿多吨，煤炭总量超过 40 亿吨。目前中国的碳排放占全球总排放的 29%，居世界首位，人均排放二氧化碳仅次于美国。传统能源结构和巨量煤炭消费带来的污染严重，环境已接近极限，社会对此反应也很强烈，而新能源的发展动力明显不足。要实现《国家应对气候变化规划 2014—2020》提出的"到 2020 年控制温室气体排放行动目标全面完成"的任务，煤炭是关键。未来几年，必须加快发展新能源，将煤炭消费总量控制在 30 亿吨左右。

仅提价很难更新能源结构。面对环境问题，由于现有能源消费价格较低，需要适当提高能源产品价格。但煤价上去，会抑制能源需求，如果增加的利润还是留在旧企业，企业往往倾向于扩大再生产，更没有动力去发展新能源，很难达到更新能源结构和促进结构调整的作用。

通过更加市场化的手段促进能源结构调整。目前的关键是要使旧企业有动力去更新能源结构。国际上看，要发挥总量管制和交易机制（cap & trade）的作用，大力发展碳交易市场建设和碳金融支持。这样做，可以将碳排放的负外部性显性化，引导社会资本和资金更多地投入低碳部门和新能源，在降低碳排放的同时，促进旧企业加快采用新能源。金融可为碳交易提供金融化、证券化以及清算结算服务，设计

相关金融产品,"激活"碳交易二级市场。全球碳计划公布的数据显示,2013年全球碳排放量达360亿吨,我国碳排放量约104亿吨,占29%。截至2014年8月,试点碳排放权交易的7省份累计成交碳排放量0.11亿吨、成交额4.5亿元。如果碳排放权交易量能扩大100倍达到11亿吨,占比将提高至全国碳排放总量的10%,成交额将达450亿元,势必会吸引更多资本进入相关领域,促进能源结构更新。针对目前碳排放限额缺乏强制性,市场发展不足等缺点,具体建议如下:

一是建立强制性碳排放限额,并逐层分配,可经测算选择全额碳配额或以30亿吨煤为基数的增量碳配额,为碳交易市场和新能源发展奠定制度基础。二是在7省份试点的基础上,加快形成全国统一的碳交易平台和明确统一的碳价格信号。碳交易的市场定价还不稳定,可以先由官方测算相对合理的价格,待市场进一步发展后,逐步加大市场在定价中的决定性作用。三是创造条件并鼓励金融机构以创新方式参与碳减排和碳交易,通过股权、信贷、债券和保险等金融手段全面支持低碳经济发展,积极推进高耗能企业"走出去",消化转移相关行业部分产能。

参考文献

[1] 程方泽:《地方金融办监管职能探讨》,载《时代金融》,2011(7)。

[2] 何顺强:《西方国家银行监管改革探析》,载《武汉金融》,2001(1)。

[3] 李波:《深化经济体制改革重点领域一揽子方案建议》,北京,中国经济出版社,2014。

[4] 刘玉强:《地方政府金融监管绩效的评估与改善研究》,博士学位论文,2011。

[5] 满海红:《金融监管理论研究——金融结构变迁下的金融监管》,博士学位论文,2008。

[6] 思今:《地方金融管理的国际经验及启示》,载《中国财政》,2010 (19)。

[7] 宋立:《当前地方金融管理面临的几个问题》,载《宏观经济管理》,2002 (11)。

[8] 王国华、方付建:《差异化授权:中央地方权利关系改革的新路向》,载《华中科技大学学报(社会科学版)》,第 23 卷,2009 (5)。

[9] 吴国培、翁剑华:《完善地方金融管理体制问题的思考(上)》,载《金融时报》,2014-08-25。

[10] 周小川:《我国金融改革中自下而上的组成部分》,中国经济学家年度论坛,2010。

附录一

中国经济 50 人论坛简介

中国经济 50 人论坛（Chinese Economists 50 forum）

中国经济 50 人论坛，是由我国经济学界部分有识之士于 1998 年 6 月在北京共同发起组成的独立的学术群体。论坛聚集了具有国内一流水准、享有较高社会声誉，并且致力于中国经济问题研究的一批著名经济学家。

论坛以公益性、纯学术性为原则，组织年会、经济政策讲座、内部研讨会、高层经济理论研讨会、对外交流等学术研究活动，深入探讨中国宏观经济改革等重大课题。其宗旨是汇聚各个领域有着深入理论研究的专家，把他们对中国经济问题及政策建议的研究成果集合起来，希望用他们研究的思想精华推动深化结构性改革，促进中国经济转型和持续稳定增长。

推动地方探索创新　深化经济体制改革

Chinese Economists 50 Forum

　　Chinese Economists 50 Forum (CE50) is a civil academic organization for public interests, founded by celebrated Chinese economist in Beijing in June 1998. The Forum brought together near 50 Chinese economists who have first – class academic standards of research and high reputation in academic circles who dedicated to the research of economic development in China. The Forum is widely recognized at home and abroad as a "think tank" to China's top level economic policy makers.

　　Our mission: The Forum dedicates its efforts to contribute to the research and recommendations on China's economic development and reforms. The Forum converges research results on key economic issues of China both at home and from abroad in addition to pure academic studies. We aim at compile diversified research results from experienced experts from various backgrounds, focusing on economic development, challenges of reforms, and policy suggestions. We believe the researches can help develop China's reforms of economic systems, as well as industrial and regional economic development.

　　The Forum was commissioned by central government leaders and relevant departments to conduct many special researches, the members and experts from the Forum have been consulted for advice and recommendations by government officials and departments, and received positive feedbacks from government. The Forum also organized cooperative workshops and seminars on economic issues with local provinces and cities to promote the local economic development. We also had cooperation with Taiwan economists. Our members were invited to join seminars in Taiwan to discuss economic issues such as economic cooperation and division of industries between two sides of the Taiwan Strait.

The Forum commits to international cooperation, setting up extensive exchanges with economists and researchers from USA, UK, France, Germany, Japan, Singapore, Argentina, Poland, and etc. In recent years, we organized a few times of "Summer Palace Dialogue between Chinese and US Economists" (SPD). We published a joint research report "The Development of Low Carbon Economy: China and World" with Swedish Environmental Science Institute.

The website of the Forum is www.50forum.org.cn.

附录二

第三届中国经济 50 人论坛成员名录

学术委员会成员：

樊纲、易纲、吴晓灵、许善达、蔡昉

学术委员会荣誉成员：

吴敬琏、刘鹤

论坛成员（以姓名拼音字母为序）：

1　白重恩（教授、博导）　清华大学经济管理学院副院长、经济系主任

2　蔡　昉（中国社会科学院学部委员、研究员、博导）　全国人大常委、中国社会科学院副院长

3　蔡洪滨（教授、博导）　北京大学光华管理学院院长

4　曹远征（研究员、博导）　中国银行首席经济学家

5　陈东琪（教授、研究员、博导）　国家发展和改革委员会宏观经济研究院副院长

6	陈锡文（教授、研究员、博导）	中央农村工作领导小组副组长、中央财经领导小组办公室副主任、中央农村工作领导小组办公室主任
7	樊　纲（教授、研究员、博导）	中国经济体制改革研究会副会长、国民经济研究所所长
8	管　涛	中国金融四十人论坛高级研究员
9	郭树清（研究员、博导）	山东省人民政府省长
10	韩　俊（研究员、博导）	中央财经领导小组办公室副主任
11	韩文秀	国务院研究室副主任
12	贺力平（教授、研究员、博导）	北京师范大学国际金融研究所所长
13	胡鞍钢（教授、研究员、博导）	清华大学国情研究院院长
14	黄益平（教授）	北京大学国家发展研究院副院长
15	江小涓（教授、研究员、博导）	国务院副秘书长
16	李　波（研究员）	中国人民银行货币政策司司长
17	李剑阁（教授、研究员、博导）	中央汇金投资有限责任公司副董事长、申银万国证券股份有限公司董事长
18	李晓西（教授、博导）	教育部社会科学委员会经济学学部召集人、北京师范大学校学术委员会副主任、经济与资源管理研究院名誉院长
19	李　扬（中国社会科学院学部委员、研究员、博导）	中国社会科学院原副院长
20	林毅夫（教授、博导）	全国政协常委、经济委员会副主任、北京大学国家发展研究院名誉院长
21	刘世锦（教授、研究员、博导）	国务院发展研究中心原副主任

22	刘　伟（教授、博导）	中国人民大学校长
23	隆国强（研究员）	国务院发展研究中心副主任
24	楼继伟（研究员）	财政部部长
25	马建堂（研究员、博导）	国家行政学院常务副院长
26	钱颖一（教授、博导）	清华大学经济管理学院院长
27	盛　洪（教授、博导）	北京天则经济研究所所长、山东大学经济研究中心教授
28	石小敏（高级经济师）	中国经济体制改革研究会副会长
29	宋国青（教授、博导）	北京大学国家发展研究院
30	宋晓梧（研究员、博导）	中国经济体制改革研究会顾问
31	汤　敏（教授）	国务院参事、友成企业家扶贫基金会常务副理事长
32	汪同三（中国社会科学院学部委员、研究员、博导）	中国社会科学院数量经济与技术经济研究所
33	王　建（研究员）	中国宏观经济学会副会长兼秘书长
34	王一鸣（研究员）	国务院发展研究中心副主任
35	魏　杰（教授、博导）	清华大学中国经济研究中心主任
36	吴晓灵（研究员、博导）	全国人大常委、财政经济委员会副主任委员
37	夏　斌（教授、研究员、博导）	国务院参事、南开大学国家经济研究院院长
38	肖　捷	国务院副秘书长
39	谢伏瞻（教授、研究员、博导）	河南省人民政府省长
40	谢　平（研究员、博导）	中国投资有限责任公司副总经理
41	许善达（高级经济师、教授、研究员）	中国注册税务师协会顾问、联办财经研究院院长
42	杨伟民（研究员）	中央财经领导小组办公室副主任

43　易　纲（教授、研究员、博导）　中央财经领导小组办公室副主任、中国人民银行副行长、国家外汇管理局局长

44　余永定（中国社会科学院学部委员、研究员、博导）中国世界经济学会前会长

45　张维迎（教授）　北京大学国家发展研究院

46　郑新立（教授、研究员、博导）　中国国际经济交流中心常务副理事长

47　周其仁（教授、博导）　北京大学国家发展研究院

48　周小川（教授、研究员、博导）　全国政协副主席、中国人民银行行长

论坛荣誉成员：

茅于轼

附录三

中国经济 50 人论坛企业家理事会成员名录

召集人：段永基、柳传志

秘书长：林荣强

副秘书长：王小兰

监事会：段永基、林荣强

理事会成员（以姓名拼音字母为序）：

1 毕明建 中国国际金融股份有限公司总裁
2 丁学东 中国投资有限责任公司董事长兼首席执行官、中国国际金融股份有限公司董事长
3 段永基 四通集团公司董事长
4 郭翠萍 中元宝通（北京）商业发展有限公司董事长
5 李河君 汉能控股集团董事局主席兼首席执行官
6 林荣强 信远控股集团有限公司董事长
7 柳传志 联想控股有限公司董事长
8 刘光超 北京市道可特律师事务所主任

9	刘晓艳	易方达基金管理有限公司总经理
10	刘志硕	大河创投创始合伙人
11	卢志强	中国泛海控股集团有限董事长兼总裁
12	潘仲光	东方高尔夫国际集团总裁
13	平　凡	上海朗盛投资有限公司董事长兼首席执行官
14	秦　朔	上海第一财经传媒有限公司总经理
15	任志强	中国房地产业协会副会长
16	史玉柱	巨人投资有限公司董事长
17	孙珩超	宝塔石化集团董事局主席
18	王金生	北京天正中广投资控股集团有限公司董事长
19	王小兰	时代集团公司总裁
20	王志全	北京新联铁科技股份有限公司董事长
21	赵　民	北京正略钧策管理顾问有限公司董事长
22	赵伟国	北京健坤投资集团有限公司董事长
23	周远志	新意资本基金管理（深圳）有限公司总裁
24	朱德贞	上海国和现代服务业股权投资管理公司总裁

后 记

　　2014年，《深化经济体制改革重点领域一揽子方案建议》出版。该书就财税体制、社会保障体制、土地制度等多个领域的改革提出了一揽子框架性的建议。2015年，我国经济领域各项改革如火如荼开展。我们惊喜地发现，具体的改革措施与我们的研究成果在某些方面不谋而合，这对于研究人员而言，是颇感欣慰的一件事。但另一方面，随着改革的深化和细化，我们也更加意识到，改革之路，道阻且长，理论分析与实践操作之间存在一定的差异，这个差异的弥补需要理论研究工作者有更多"接地气"的、符合中国现实国情的研究，也需要实践者勇于跳出现有框架和模式的桎梏。我们在这里所做的努力，正是希望不断缩小这个差异，将之前研究成果进一步细化，就"十三五"部分重点领域改革提出切实可行的方案和建议。

　　在具体的方案设计过程中，我们遇到的最大困难就是中国国情的复杂性和各地发展情况的差异性。这也提醒我们，忽略各地的差异，设计出一个理论上完美且普遍适用的方案很可能是空中楼阁。承认中国经济发展的多样性，释放"自下而上"改革的创新性和能动性是当前改革的题中之义。我国经济总量大，区域发展不平衡，各省份都承担了巨大的责任。充分发挥地方的积极性，允许地方试验和地区间竞争是我国三十多年来经济改革较其他转轨制国家更为成功的重要原因之一。地方试验和相互竞争的改革模式符合我国国情复杂和市场经济分散决策的基本特征，这个理念贯穿于我们整个研究过程。

　　天下之治，有因有革。改革并不意味着否定现状，恰恰相反，改革必须植根于现状，从既有的经验中汲取智慧。社会领域的改革很难通过激变的、狂风骤雨式的方式实现，或者说极端的变革方式将导致巨大的成本。这是一部庞大而精密的社会机器，牵一发而动全身，对这样一个时时在运转的机器进行优化，需要运筹帷幄的大局观，也需要有足够的耐心从一个个螺丝钉、一个个零部件着手。正因为如此，我们在研究过程中，"一点一笔不放过，一丝一毫不潦草。举一例，立一证，下一结论，都不苟且。"希望这本书能为读者讨论中国改革问题提供一个视角。

是以为记。

2015 年 12 月